青木世界観

青木宣親×聞き手 尾崎世界観

文藝春秋

JN228117

青木世界観　目次

はじめに

尾崎世界観

「青木世界観」は、青木宣親という一人のプロ野球選手のこれまでを振り返ると同時に、青木さんの中で今まさに何が起きているかを見つめた記録でもあります。

　本書の中で青木さんは、まるで打席に立っているかのように、来た言葉を瞬時に打ち返していきます。それもすべてを完璧にというわけではなく、相手が投げた難しい球はファールにしながら、一つ一つ真剣に言葉を見極め、良い球が来たらしっかり仕留める。まるで時間の流れによって生じたズレを、迷いで微調整するみたいに。このことからも、人が過去を語るとき、その声は紛れもなく現在のものだから、そこに必ず違いがあることがわかります。ファールを打ちながら、やがて答えにたどり着く青木さんを見ていると、そんな「ファールの言葉」こそが大切なのだと実感する。

　プロ野球の世界で生きていくためには、圧倒的なフィジカルとメンタルが必要です。でもその他に、青木さんは実に多くの言葉を持っている。それも完全にすべて正しいわけではなく、失敗を受け入れながら、いつまでも考え続けるからこそ見えてくる答え。

いくら自分のものとはいえ、体の中で起きていることを言葉にするのは大変な作業です。だからこそ青木さんはそれをやる。自分が持っている技術を噛み砕き、声にして外へ発しながら、曖昧なものを形にすることを諦めない。どうにかして、まだ不確定で漠然とした身体感覚を、より確実にしようとしている。

同じ肉体から発せられる同じ声で語るのに、今、あの頃の青木さんはもうそこにいません。それでも相手に伝えることで、現在まで繋げようとする、過去の自分との対話。本書の大きな魅力は、そんな青木さんが現役だということ。一度区切りをつけてから考えるのと、全速力で走りながら考えるのとでは、やはり大きな違いがあるはずです。青木さんはいまなお試合に出続けながら、自分自身との対話を続けている。全力で走りながら、より生々しく、時にズレていくからこそ切実に届いてくる言葉。迷いながら、それでもいつか答えにたどり着くための「ファールの言葉」が、この本には書かれています。


2005年から2011年までの間、青木さんは自分が積極的に応援するタイプの選手ではなかった。圧倒的過ぎて、もう打って当たり前。だから、正確に言えば応援すらさせてもらえなかった。

2018年、ヤクルトスワローズに帰ってきた青木さんを見てとても驚きました。

そこには以前のクールな印象とは正反対の姿があったからです。

孤高の天才からチームを引っ張るリーダーへ。30年以上ヤクルトスワローズを応援してきて、こんな選手は他にいなかったし、この先もきっと出てこないはずです。

心から尊敬する青木さんに出会えたこと、そしてこのような素晴らしい作品に関れたことを大変嬉しく思います。

青木世界観

第一章

チャンス

「チャンス」というのは分かりにくい。

過ぎた時間を振り返って、あの時が自分にとっての「チャンス」だった、あの時にこうしていたらよかった、あの時にああ言うべきだった、と思うことは誰にでもある。

「今がチャンスだ」と分かる時ももちろんあるだろう。例えばバンドマンにとって、デビューが決まった時はチャンスだし、大きなフェスに出るのもチャンスだ。そこで何か結果を残せれば人生が変わる。

でも、自分の人生を振り返ってみると、これがチャンスだとその時に分かることは多くなかった。むしろ、人生の中の意外な選択が実は大きなチャンスを摑むきっかけだったということもある。「チャンス」は本当に捉えどころがないのだ。

ところで、自分はなぜ野球が好きなのか。そのことを考えていて、野球は「チャンス」が目に見えるからだ、と思い至った。

ワンアウト満塁。攻撃するチームにとって、これは大量得点の「チャンス」だ。

1点差で負けている9回裏、ツーアウトランナー一、二塁や二、三塁。これは逆転への「チャンス」だ。

第一章

チャンス

勝つか負けるかここで決まる、というのが目に見えるから、野球は今、チャンスなのかどうか、ファンと選手が共有できる。

ワンアウト満塁でボテボテのセカンドゴロを打ってゲッツー。９回裏、ツーアウトランナー一、二塁や二、三塁で見逃し三振。そうなったら、チャンスを逃した、チャンスを潰したと誰でも分かる。

だけど、自分のやっているのは、音楽にしても小説にしても、野球とは違ってそもそも勝ち負けがないし、人と勝負するものでもない。

だからチャンスが見えにくいし、勝ち負けも分かりにくい。ライブで、これは絶対ミスだ、誰がどう見ても分かるミスをしても、バレないことがある。歌詞を飛ばすなんていう、あり得ないミスをしても（野球でいえば、落球するみたいなことだ）、逆に貴重なものを見られて良かったと言われることさえある。

ミスのない、安定したステージでも、そつのない演奏でつまらないと言って離れていってしまうファンもいるくらいだ。

チャンスがちゃんと誰の目にも見えて、音楽や小説と違って結果としての勝ち負けがはっきり分かる。何より、ちゃんと負けるからこそ、自分は野球が好きなのだ。

音楽や小説にルールはない。もちろん、人生にもルールはない。だからこそ、ルールがある野球に惹かれるのかもしれない。

青木さんはそんな野球の世界で勝ち続けてきた人だ。

プロ入り2年目でイチロー選手に次いで史上2人目のシーズン200本安打を記録し、WBCの優勝にも貢献した。3度、首位打者になり、メジャー移籍を果たして6シーズンにわたってプレー、日米通算2000本安打を達成し、ヤクルトに復帰して日本一にもなった。

青木さんはことごとくチャンスをモノにしてきた印象がある。本来、過去を振り返った時にしか分からないはずのチャンスが、青木さんだけにはその瞬間に見えていたんじゃないか、と思えるような独特の力を感じる。その正体は研ぎ澄まされた嗅覚なのか、遥か先を見通す眼差しなのか、あるいは経験則から導き出される勘なのか。常に縁と運を味方につけながら、今そこにあるチャンスに向き合い続けてきた。そう思えてならない。

シチュエーションとしての「チャンス」という意味では、野球ほどその場面が分かりやすいスポーツはないかもしれません。1試合の中での勝負どころというのは、固唾を呑んで見つめるファン以上に、戦っている選手たちはビシビシと感じています。ここは絶対に自分が決めなければいけない、という場面で打席に向かうこともあるし、ここは絶対にミスをしてはいけない、という緊迫感の中に立たされることもある。
ただ、僕は究極を言えば「最後に勝てればいい」と思っているんですよ。一度チャンスを逃したと思っても、それが逆の目に出て流れが二転三転することはよくある。

チャンス

チャンスを逸してその試合で敗れたとしても、その悔しさが端緒となってチームの空気がいい方向に変わることだってあります。三振したその打席で、バッティングの大きなヒントを摑むことだってあるかもしれません。

チームとしても個人としても、最後に勝利に辿り着ければ最高。そこに至るまでの道は真っ直ぐではなく、いくつかの勝負どころや、分かれ道のようなものがある。試合に勝って勝負に負けた、ということもあれば、その逆だってあるでしょう。だから野球は面白い。プロ21年目でも、野球の奥深さというものを日々新鮮に感じています。

自分の野球人生を振り返ってみると、プロ入り後に初めて「ここがチャンスだ」とはっきりと認識して野球に向き合ったのは、2年目の2005年シーズンでした。

チーム状況として元々センターは選手層が薄いなかで、前年までライトのレギュラーだった稲葉（篤紀）さんが日本ハムに移籍した。外野のポジションが一気に2つも空く形になったんです。12球団を見回してもそんなチームはない。ここでレギュラーを獲らなかったら、どこに行ったたって獲れねえぞ、って。キャンプ前からそんな思いで臨んだシーズンでした。

前年のプロ1年目はほぼ二軍生活でしたが、「1年間はずっとファームでもいいからとにかくプロの生活に慣れよう」と腹を括って、ひたすらスキルアップに注力していました。

当時、自分の中で掲げていたテーマは二つ。一つはファームの首位打者を必ず獲ること。二つ目は盗塁をしっかり決めること。当時の僕は、足は速いんですけど盗塁の技術がなかった。だからそれをファームで必ず身につけようと考えていました。

1年目にその二つをクリアして、数字という意味でもイースタン・リーグの首位打者を獲ることができた。だから次は一軍で、という思いははっきりと芽生えていました。漠然と「ポジションが空いたからチャンスだ」というわけではなく、自分の中でしっかりと段階を踏んでスキルアップしたという自信があった。だからこそ、真っ直ぐ「チャンス」に向き合えたのだと思います。

ただ、僕はその頃チームの中で決して特別な存在ではありませんでした。鳴り物入りで入団した大物ルーキーというわけでもなく、ただの4巡目入団の選手だった。二軍で首位打者を獲ったからといって、黙っていても「じゃあ次は一軍へどうぞ」とポジションを空けてもらえる立場ではない。とにかく、死に物狂いでした。

2年目を迎える正月には、当時の若松勉監督に年賀状を送りました。

「自分を使ってください。必ずチームに貢献します」

気合いを入れて、正座して書きましたから。慣れない筆ペンを使って何度も何度も下書きしてね。

とにかく自分という存在をアピールすることが必要でした。若松監督とはそれまであまり接点がなく、お話しした記憶もない。僕の名前くらいは当然、ご存じだったかと思いますが、一軍の監督が二軍選手である僕がどんな人間かということまでは分かっていないはず。どうしたら自分の熱意を伝えられるのか――。考えに考えた結果が年賀状だったんですよ。

後になって若松監督からは、「あの年賀状からもの凄く気持ちが伝わった」と言っていただきました。実際に、キャンプの10日目くらいに、チーフコーチの渡辺進さんが僕にこう言ったことを覚えています。

「お前を絶対にレギュラーで使うって監督が言っているから」

嬉しかったですし、これはまさにチャンスだ、と思いました。絶対にこのチャンスを摑んでやる、と。

そこでさらにギアが上がりましたね。まず目先の目標はオープン戦をいい形で終えること。そこから開幕に繋げてポジションを不動のものにする。結果を出し続けて、シーズンが終わった時には絶対に首位打者を獲得する。そこまでの道筋を、自分の中ではっきり見据えていました。

当時はもちろん、そんなことは周りには言えなかったです。実績として1年目は一軍でたった10試合しか出ていない選手。それがいきなり「首位打者を獲る」ですからね。こいつ何考えてるんだ、って思われるだけでしょう。でも、自分としては本気も本気。絶対に実現するという強い思いを、心の中で滾《たぎ》らせていたんです。

実際にその年は、思い描いていた通り首位打者（打率・３４４）になり、２０２安打を打って最多安打、新人王も獲ることができました。当然、それは簡単にできたことではありませんでした。一軍で試合に出続けるのは初めてのことですし、苦しい時期は何度も来ました。でも、自分の中では決めていたんです。肉離れを起こそうがどうなろうが、絶対にこのチャンスは手放さない。怪我をしても周りには絶対に言わない、と。

実際に何度も怪我をしそうになり、その度になんとか持ち堪《こた》えた。シーズン終盤には、ハムストリングの筋挫傷のような状態でもプレーを続けていました。普通なら無理だったと思うんですけど、1日だけ休んで、次の日からはテーピングでグルグル巻きにして試合に出た。人間必死になれば、何だってできるんだな、って（笑）。

ある程度いい成績を残して、レギュラーを獲れたのだからそこでやめておく、ということもできたかもしれない。でも、どうしても自分はそうは思えなかった。中途半端な自分でいるのは許せなかったんです。

「行ききる」という覚悟、ですかね。ポリシーというわけではないんですが、自分の中でいつも「結果を残す時には一気に行け」という思いがあるんです。ある程度の結果を残してそこで終わり、というのは並の選手。やるなら一気に全て獲る。大きなものを先に全部獲ってしまおう、って。

元々、そういう考え方をするタイプではあったんですが、その思いを強くしたのはプロ1年目の時です。どうすればレギュラーになれるか、ということで、技術面を鍛えると同時に、トップに立てる選手はどういう人間なのか周囲を観察するようにしていました。例えば当時の古田敦也さんは、ヤクルトの中でも絶対に揺るがない何かがあった。チームの集まりがあっても、中心にいるのは必ず古田さんでした。

古田さんはどんなことを話しているのか。どんな佇まいなのか。二軍選手だった僕とは接点もそう多くはなかったですが、一軍の試合に出場した時や、激励会やスポンサーの集まりなどお会いできる機会があれば必ずじっくりとその姿を見るようにしていました。

経歴も調べました。そうすると、古田さんもプロ入り2年目に首位打者を獲っていて、そこから球界を代表する選手になっていった。言うまでもなくそれ以降の成績もの凄いんですが、2年目までに絶対的な結果を残している選手ならば仮にそれ以降、ちょっとした怪我で離脱していたとしても、手元にチャンスは間違いなく残っているんだな、と思ったんです。

古田さんご本人とも当時、そんな話をしました。「野球界は実績主義だ。実績を積み上げていくことが大事なんだよ」って。その言葉を聞いて、自分の中で考え方が明確になりました。中途半端じゃダメだ、やっぱり行ききらないといけない、って。

一軍で少し結果を出した、くらいの存在なら、次の年に大物ルーキーが入ってきたらまた一からやり直しです。どちらを使いたいか、なんて、誰かと天秤にかけられるような存在じゃダメなんですよ。外野手で、センターならば絶対に青木だ、と。さらに言えば、日本球界で外野手と言えば青木だ、と言われるような実績を最初に作らないといけない、そう思っていました。

200安打を打つような選手は、簡単にはスタメンから外せません。そうなってしまえば、僕の勝ち。当然その先には不調で全く打てなくなることもあるでしょう。普通の選手なら簡単に二軍行きでも、200安打を打っていた選手なら2カ月待ってくれるかもしれない。ある意味〝貯金〟ですよね。

最初に「行ききって」しまえば、何より自分が楽になる。他人の評価を気にしたり、どう起用されるのかということに一喜一憂することなく、自分のペースでできるようになる。そうして気持ちに余裕が生まれれば、また新たなチャンスを掴むこともある。いい循環が勝手にできていくんです。

プロ野球人生を振り返ると、2年目のチャンスをものにできたことは凄く大きかった。妥協せず一気に「行ききる」ことができたことで、その後の人生が拓けていったと感じています。


「行ききる」――。青木さんらしいその言葉に築き上げてきたキャリアと足跡を思い、腹落ちするものがあった。

入団時にはまだ〝何者でもなかった〟左打ちの外野手がプロ2年目に彗星の如く現れ、3割、200安打と、夢のような数字を軽々と超えていった。200安打まで残り「1」とし、プロ野球ファンの注目を集めて迎えた2005年10月11日の横

チャンス

浜戦では、第1打席の初球を捉えてあっさりと200安打を決めた。

オリックスに在籍していた1994年のイチロー選手以来の大台到達という大記録だったが、そんな輝かしい実績をよそに、青木さんの言葉はいつもどこか飄々《ひょうひょう》としていて、自分自身を常に客観的に見ているような印象があった。

あの時、一気に才能を開花させた「背番号23」が心に秘めていたものは、その先の道に続く壮大な未来図と、「覚悟」だったのか。

それにしても「行ききる」とは何と難しいことだろう。普通であれば、どんなに大きな理想を抱いていたとしても、その入り口にすら辿り着けない場合がほとんど。選ばれし者であるプロ野球選手の多くですら、単純に力が及ばなかったり、怪我に泣かされてしまうケースが大半で、ある程度の結果が出たとしても達成感に浸り、そこで足を止めてしまう者も多いのではないか。

競争の中でチャンスを摑み、さらにその先へと「行ききる」ことができる者と、そうではない者。その違いは何なのか。


プロ野球の世界は厳しい。一括りに「プロ野球選手」と言ったって、数としては「二軍で終わってしまう選手」の方が圧倒的に多いんです。毎年6、7人入ってくるルーキーの中でも「こいつはモノがいい」、「センスがある」と言われていた選手が、3、4年経過して気づけばずっと二軍にいるというケースは山ほどある。

僕は人を観察するのが好きなので、二軍にいた時はそういう選手のことも良く見ていました。何となく毎日を過ごして練習が終わったらパチンコに行く。二軍選手でそんなに稼いでいるわけでもないのに高い車に乗って遊びまわる……。明らかに生活の中心に野球がない選手は何人もいました。

そんな風に分かりやすく浮ついているケースだけじゃない。二軍の練習でコーチから言われたことだけを、ひたすら生真面目にやっている選手。周りの選手と仲良くワイワイと過ごして、二軍の試合で少し活躍したらそれで満足という選手……。特にヤクルトの二軍本拠地の戸田球場って、凄くのどかな場所なんですよ。河川敷にあって、春になったら鳥がチュンチュン鳴いたりしてね。あの雰囲気の中でずっと野球をやっていたら慣れてしまう。僕はプロ入りした時、ここにいてはダメだ、最初の1年間だけだぞ、と自分に言い聞かせていました。

高卒でプロに入って「3、4年後くらいに一軍で出られるようになれば」なんて口にする選手もいますが、僕から言わせればそんなやつは絶対にレギュラーなんか獲れない。それに関しては今、若い選手たちに必ず伝えるようにしています。1年目から、絶対に一軍に上がりたい、という気持ちを持って毎日やれ、と。長岡（秀樹）や武岡（龍世）、内山（壮真）にもプロ1年目の時にはそんな話をしましたね。

プロ野球の世界って、2、3年で勢力図が大きく変わってしまうんです。毎年、ドラフトで選手はどんどん入ってくる。さらに、同じポジションにFAや外国人選手の

チャンス

大物が入ってくる可能性だってある。3、4年後まで長い目で見てもらえるのは、ほんの一握りの大物ルーキーだけですよ。だからチャンスがあるうちに結果を残さないといけない。

チームの後輩を見ていても、高卒選手でも山田哲人や村上宗隆なんかはやっぱり、1年目から二軍の試合でも他の選手とは何か違うものを見せていた。結果的に一軍で活躍するようになるのは3、4年後であったとしても、そこに出てくるやつは絶対、1年目からどこかで急にガッと伸びる部分があったり、爪痕を残すようなプレーをしていますから。

一軍と二軍を行ったり来たりという、いわゆる「エレベーター」選手もたくさん見てきました。キャンプの時期には毎年注目を集めるんだけれど、なぜかシーズンが始まってみると一軍で活躍できない。何度かチャンスはもらっているのに、大事なところでそれをものにできない――。

原因の一つはやっぱり怪我だと思います。体を痛めるということ、休むということがどれだけのリスクを伴うか、みんな深く考えていないんです。怪我は離脱している期間だけでなく、治った後にも大きな影響を与える。怪我が元となって、上手く機能を使えないような体になってしまえば、力が伝わらないような体の構造になる。たとえその怪我が治ったとしても、以前のようなパフォーマンスを100%出せるとは限らない。

そうなれば元に戻すまで試行錯誤を繰り返す時間が必要になるわけで、さらに休むことは当然、ライバルにチャンスを与えることになる。自分のチャンスはどんどん減っていき、価値は下がっていく。良いことなんて一つもないですから。

健康を維持するためのフィジカルをいかに作るか、いかに自分の体に投資するかということは、プロ野球選手にとって一番大事なこと。そこを怠っている選手があまりにも多すぎると感じています。

僕ももちろん、息抜きはしていました。若い頃は、オフの前の日に外に飲みに行って発散しようか、ということも当然あった。僕だってそこまでメンタルは強くないですしね。でも、野球で結果が残っていないと、どんなに息抜きをしてもどこかで不安を抱えたまま。遊んでいても虚しいんですよ。

だからやっぱり一番大事にするべきは体なんだと思う。多少痛いところがあったら、寝る間も惜しんで夜な夜なストレッチをしたりと、若い頃から体にはしっかり向き合ってきました。生活の中心、人生の中心に野球があって、その基本に体のケアがあるということは、自分の軸としてブレずに持っていなければいけない。

近年のスポーツ界では、何でもかんでも「無理をさせない」という風潮がありますが、そこは凄く難しいところですね。やっぱり、無理をしなきゃ超一流にはなれないし、無理をしなければあらゆるチャンスを逃してしまう。これは事実です。だから凌《しの》げるなら多少の無理はした方がいいんです。

でも、野球をやるにあたって、重大な事故が起きるのならやめた方がいい。そこの線引きは自分の判断でしかないので、そのためにも自分のフィジカルをどれだけ把握できているかというのは大事です。休むか、出続けるか。ここで止めておくのか、無理して先に進むのか。そういう意味での選択は、僕は上手くいったと思います。若い選手たちには「あんまり無理すんなよ」と言いながらも、「でもちょっとは無理しろ」と言ったりします。「無理をしないように無理しろ」(笑)。これは大事かもしれません。

それともう一つ、「無理をしない」と、「諦めない」は並び立つと思うんです。10の力をもってすれば達成できるものに対して、実は7とか8くらいの段階で諦めてることって多い気がする。人間って限界は多分、7や8で感じるんですよ。でも「行ききる」ためにはその先の9、10まで辿り着かないといけない。

自分にとって大きなチャンスと捉えて挑んだ2年目、いや、それよりもっと以前から僕の根底にあるのは、「絶対に諦めない」という信念です。物事は諦めた時点で終わってしまう。「行ききる」ことで、その先にあるもの全てを一気に摑む。それは誰のためでもなく、自分自身のために必要なことでした。

人生の中で何回かしか訪れないチャンスの場面。そこで「行ききる」ことがいかに大事かという点では、自分にも心当たりがある。２００本のヒットを放った選手

を簡単にはスタメンから外せないように、音楽の世界だって「実績主義」だ。しかも、決まった〝型〟もなく、ルールも反則もない。それはもう、殺し合いみたいなものだ。

日夜、新しいバンドはどんどん出てくる。時々、そんなバンドが「クリープハイプみたいなバンドだ」と言われているのを見ると、どこか安心するような思いが湧いてくる。やっとそこに行けたんだな、と。自分たちはここまで「○○みたい」と言われずにきたので、何か特別意識していたことはないけれど、青木さんの言葉を借りれば、それは「貯金」なのかもしれない。

例えば大谷翔平選手やイチロー選手、もちろん青木さんも、少年時代はともかく、今や「○○二世」なんて言われることはまずない。逆に全国各地に「○○のイチロー」や「大谷二世」は毎年のように出てくる。音楽もそれと同じで、自分たちみたいだと言われるバンドをいかに作れるか、そこに収納してしまえるか、というのが「今もしっかりやれている」ことの証明なのかなと思う。

もちろん、どんどん上に行かれたりもしているし、そっちの方が多いかもしれないけれど。「行ききる」という考え方、これは凄いことだ。誰もがまだ自分の足元しか見つめられないような駆け出しの頃に、すでに遠い先まで見据えていたその眼差し。自分の人生を俯瞰で見ながら、自らの手でギアを切り替えていける青木さんの思考回路の原点は、どこにあるのだろうか。

チャンス

僕の故郷は宮崎県日向市《ひゅうが》。海、山、川、全てがあって本当にいいところです。今でも地元に帰ると気持ちがほぐれて、心からリラックスできます。でも正直に言うと、宮崎にいた中高生の頃はとにかく早くここを出ていきたいと思っていました。もちろん、宮崎が嫌いだとかそういうことではなくて、のんびりした空気の中にいると流されてしまうような気がしていたんです。

そう考えるようになったのは、高校1年生の1月にあった修学旅行がきっかけでした。今振り返ってみると、それは自分の人生を一変させるような大きな分岐点になった出来事でした。

行き先は東京。宿泊したのは池袋にあるサンシャインシティのホテルでした。繁華街のど真ん中にそびえるサンシャインの地下には、大きなショッピングモールもある。宮崎の田舎から出てきた自分にとっては、目もくらむような場所に見えました。

「絶対にホテルから出るな。地下には降りるなよ」

引率の先生には何度もキツく言われたけれど当然、出ちゃいますよね（笑）。友達何人かとホテルの部屋をこっそり抜け出して、地下街へと降りていったんです。その時に見た光景は、僕には衝撃的で……。

人がたくさんいて、みんなセカセカと歩いている。その雰囲気に、もの凄い量のエナジーを感じた。なんだこれは？　って。稲妻に打たれたように思ったんです。

さらにホテルに戻ろうと地下からエレベーターに乗ったら、マンションに着いちゃったんですよ。サンシャインにはエレベーターもいっぱいあるでしょ。あれも衝撃的でした。何か知らない家に着いちゃったぞ！　どうなってるんだ？　って。宮崎ではあり得ない経験ですからね。

部屋を抜け出して見た夜の池袋の光景。それだけで僕の人生は変わりました。自分は絶対に東京に出ていく。東京で生活してみたい、って。そこからすぐに、東京の大学に行きたい、じゃあどうすればいいのか？　と考え始めた。色々と調べていくと、うちの高校（宮崎県立日向高校）に早稲田大学の指定校推薦の枠があることが分かって、それを狙っていく、と心に決めました。

先生に相談したら「定期テストをとにかく頑張れ」と言われて、そこから評定もなるべく「5」をもらえるようにコツコツと……。そうは言っても、そもそも僕は中学までは全く勉強していなくて、高校に入る時の受験もめちゃくちゃ不安だったレベルでした。そのトラウマみたいなものもあったので、もうあんな思いはしたくないと自分なりに必死に頑張りました。

この頃、投手をしていた僕は、野球部でも2年生からチームのエースとして試合に出ていました。もちろん練習もありましたから、勉強と両立しながら取り組んでいました。3年夏の宮崎県大会は準々決勝で敗れて、甲子園には一度も行くことができませんでしたが、地道な努力が実って指定校推薦はクリアすることができました。

あの修学旅行が1年生の冬ではなく、2年生以降にあったら勉強の準備が間に合っていなかったかもしれないし、東京に対しての感覚も全く違ったものだったかもしれない。振り返ると、あの修学旅行がなかったら、そのままのんびり、宮崎で暮らしていたかもしれないと思います。

「下には降りるなよ」と言った先生にも感謝しないといけませんね。ただ、一緒に部屋を抜け出した友達は、地元の宮崎で警察官になっているんです。特に東京への憧れは抱かなかったみたいで（笑）。だから、あんなに鮮烈に刺激を受けたのは僕だけだったかもしれません。

とはいえ、修学旅行をきっかけに東京に憧れ、早稲田に進んだ後にまた、自分の人生を大きく変える出会いが待っていた。プロ野球選手という目標が初めて見えてきて、その先にメジャーリーグという夢を抱くようになったのもあれからです。

全てはサンシャインで見た東京の光景から始まり、のんびりしていた僕が衝撃に弾かれたように自分の進路を見据えて夢中で走り始めた。今振り返ってみると当時の決心もまた、人生を変える大きな「チャンス」を手にした瞬間ということになるのかもしれない。こうして東京ヤクルトスワローズでプレーして東京に居を構え、その街並みを見渡す時、ふと、不思議な気持ちになることがあります。

プロ2年目に首位打者を獲得した青木さんは、立ち止まることなくスーパース

ターとしての王道を駆け抜けていく。3年目の2006年には日本代表として第1回ワールド・ベースボール・クラシック（WBC）優勝に貢献。07年には2度目の首位打者を獲得した。

08年には北京五輪、09年には第2回WBCに出場し、名実共に日本野球界を代表するヒットメーカーとして活躍を続けた。中でも忘れられないのは、3度目の首位打者を獲得した2010年の青木さんの輝きだ。

自身2度目となるシーズン200安打に到達した試合。あの日の神宮球場は、冷たい雨だった。1回、先頭打者としてバッターボックスに立った青木さんは、スピードボールを完璧に捉えた。先頭打者ホームランで決めた200安打目。雨を切り裂き、スワローズファンが待つライトスタンドへ打ち込んだそのアーチは本当に美しかった。

この頃の青木さんは常にクールで、築き上げた自分の世界観の中で孤独に戦っているようにも見えた。だからこそ2018年、7年ぶりに日本球界に復帰し、再びスワローズのユニフォームに袖を通した時、その表情にファンはこう驚いたものだった。

「青木ってこんなに熱い選手だったっけ？」

プレーのみならず言葉で、態度で、チームを鼓舞するその姿は、三十代後半となった青木さんの新しい顔だった。そしてこう思ったのだ。6年間のメジャーリーグでの戦いが、きっと彼を変えたのだろう、と。

「大学4年生の頃から温め続けていた」というその夢をかなえたのは、2011年オフのこと。ポスティングシステムを利用してのMLB挑戦が認められ、ミルウォーキー・ブルワーズが交渉権を獲得した。ところが、その船出はいきなり荒波に襲われた。

すぐに入団は決まらず、トライアウトからのスタート。青木さんにとって、一段高いステージでのチャンスを得られるかどうかの正念場に直面することになった。日本での名声を捨ててまで挑んだ大勝負。青木さんが抱き続けた夢への思い、そしてチャンスへの向き合い方は、アメリカでどう変わったのか。


これは今だから明かせることなのですが、プロ野球での5年目くらい、2008年あたりからは本当に苦しい毎日でした。打ち続けることが当たり前——。周りからはそう見られていましたし、自分自身もそう捉えていました。

同時に、チームが弱かったことも辛かった。あの頃、周囲から青木宣親は自分勝手なプレーヤーだと思われていたと思います。そんな話も少し耳に入っていて、自分の中で迷うところもありました。一生懸命ヒットを打ちにいっていたけれど、その実は打つのが嫌になっていた。嫌になっているヒットを打っても全然嬉しくないんですよ。これじゃダメだと思って……。

2018年にヤクルトに復帰した後、確かにファンの方からはこんなに熱い選手だったのか、と言われました。でも僕は元々、熱いんですよ。もちろんマイペースなところはあるけれど、チームプレーというところは凄く大事に考えているし、何よりどんな状況だって勝ちたいんです。

でも、当時はその思いをあまり表に出せる状況になかった。チームも弱かった時期なので、自分の中だけで戦っているような苦しい思いが常にありました。

折れそうな気持ちを支えていたのは、メジャーへの思いでした。自分はもっと高いところで勝負できる、近い将来アメリカに挑戦するんだ。その思いを強く持っていなければ、自分を奮い立たせられなかった。あの時、アメリカに行こうと思えなかったら、僕は本当に潰れていたかもしれません。

ポスティングで移籍したブルワーズでは、蓋を開けてみたらテスト入団のような形になりましたが、自分としてはチャンスだと思っていました。テストだろうとなんだろうと、行きさえすればそこでプレーできる。覚悟は決まっていました。

日本でどれほど実績を残そうと関係ない。とにかくキャンプで一からのアピールです。結果を残さないとマイナーに落とされるんで、自分はやれますよということを常に示していく必要がある。ヤクルト時代の2年目を迎えた時に比べても何倍も緊張感のある中で、ヒリヒリするような時間を過ごしました。

スプリングトレーニング中に実戦27試合に出場し、3割近い結果を残して開幕はメジャーで迎えることができました。でも、向こうは契約社会なので、ある程度のレギュラーというのは初めから決まっているんですよ。そのあたりは日本のプロ野球よりよほどシビアです。

僕みたいな立場の選手の出番が来るのは、そういったレギュラーの選手たちが成績を残せなかった時。まさにチャンス、という瞬間です。初めは代打、代走、守備固めというようなところからの起用でした。それでもレギュラーの選手が休みの時にスタメンで出て結果を出していくうちに、出場機会が少しずつ増えていった。

ギアを上げる時が来たと思いましたね。ここだ、ここだ、ここでやりきらなきゃダメだって。5月くらいからスタメンで出場するようになってきたんですけど、実は6月に肉離れしたんです。左の大腿四頭筋。これは酷い状態でした。

トレーナーさんに治療してもらって誤魔化して試合に出て、また散らして周りをほぐして試合に出て……その繰り返し。それで6月から4カ月やりきったんですよ。本当に毎日が地獄のような日々でした。

もし周囲に肉離れしていることがバレてしまえばもう終わりです。僕みたいに安い金額で契約した選手なんて、簡単に見切られてしまう。マイナーにも実力がある選手はたくさんいますからね。代わりはいくらでもいる、という世界です。

そもそも、メジャー1年目にある程度できるところを見せないと、2年目以降なんてない。そういう状況は理解していたので死に物狂いでした。その年は（筋肉が）切れたままの足でシーズン30盗塁。最後の方なんて、アウトになってもいいからとにかくスタートを切っていた。どんなことをしても30までいこうと思っていました。29と30とでは全然違いますから。

　シーズンが終わってから、トレーナーが「多分、ちょっと（筋肉が）切れてたね」って言っていました。「言ったら心折れるから言わなかったけど」って（笑）。実は今でも左足はその部分だけ凹んでいるんです。勲章、ですかね。

　アメリカに行ってからはより、チャンスというものに飢餓感を持っていました。競争の激しさは日本にいた頃の比じゃない。昨日まで一緒に野球をやっていた選手のロッカーが気づけば空っぽになっているなんてことは、本当にしょっちゅうあるんです。弱い者はどんどん削られる。強い者しか残れないということを、アメリカ時代は特に実感していました。

　日本での実績なんて誰も知らないし、あっちに行けばただのルーキー。最初にダメだったらそのレッテルを貼られてしまう。結局、僕はアメリカでの6年間で7つの球団を渡り歩くわけですが、どこに行ってもそれは同じでした。まず結果を見せる。そしてチャンスを手にしたら手放さず、最後まで行ききる。そこの部分に関しては鉄則だと思いました。

　日本でトップレベルの成績を残してMLBに挑戦しても、アメリカで苦しむ選手は多い。メジャーの夢を諦めて日本に戻ってきた選手の中には、NPBでもすぐには以前のような結果を残せず苦労するケースもあるでしょう。でもそれって、僕は〝本物〟と喧嘩した証しのようなものだと思うんです。

マイク・タイソンにKOされたら、もうリングに立つことすら怖くなる。タコ殴りされて自信を無くした状況。僕も下手したらそうなっていたかもしれません。アメリカで苦しい状況は何度もあったけれど、毎年毎年、なんとか持ちこたえてやってきた。タコ殴りはされてないけど半殺しぐらいの目には遭ったかな（笑）。

アメリカでの挑戦は闘いの連続でした。6年間、自分としてはやりきったなという思いが強い。2018年に日本球界に戻ってきた時、メジャーリーグへの未練や、後悔は全くありませんでした。それだけ濃い毎日を闘い抜いた、ということだと思います。

第二章

才能

才能、資質、天賦の才……。それは人の〝中〟にあるものではない、と感じている。自分では見ることができないし、触ることもできない。他者の持っているそれと比較し、周りから「才能がある」と認められて初めて成立するものだと思う。

音楽でも小説でも、表現の世界では特に才能は曖昧だ。自分自身で本当に最高の曲だと思うものを作れたとしても、それをいい曲だと感じる人がいなければ、その才能は才能として成立しない。全ては、受け取る人次第なのだ。

でも、スポーツの世界は少し違う。そこには明確な勝ち負けがあり、歴然とした結果が存在し得る。戦う相手がいて、タイムや順位という越えるべき壁もある。自分の〝中〟にある才能が目の前の対象物によって跳ね返り、くっきりとした形になって可視化されるのだ。

それは一体、どんな感触なのだろう。自分もライブをしている時、歌っている実感はあるし、目の前で手を挙げ、歓声を上げてくれるお客さんがいることで、初めて自分の中にある何かを感じることはできる。

でもそれはあくまで空気であって、実際に目で見たり触ったりすることはできない。その点、スポーツ選手は実際に何かを跳ね返したり、手で掴んで捕ったり、あるいは相手を打ち負かすことで身体的にくっきりとした感触を味わうことができる。

同時に、自分の〝中〟にある才能にリアルに触れられるというのは、とてつもなく辛いことなのかもしれない。輝きを失い才能を手放していく瞬間、他者の才能に対峙して、はっきりと負けを突きつけられる瞬間がある。大きな怪我をしてしまったら、完全に立ち止まってしまうこともあるだろう。だからこそ、自分にとってアスリートは常に潔く、偉大な存在であると感じている。

若い頃の青木さんは、分かりやすく結果を出し続ける姿そのものが才能の煌《きら》めきだった。いとも簡単にヒットを量産し、軽やかにグラウンドを駆ける。他の誰も追いつけないようなスピードで、結果を積み上げていった。

メジャーリーグから再び日本球界に戻ってからの青木さんは、ある「感覚」を身につけていた。自分はその「感覚」にも魅了されている。その打席を、その試合を完全に掌握しているような空気感――。

例えば昨シーズンの阪神戦、村上頌樹《しょうき》投手がもの凄いピッチングをしている中で、青木さんが粘りに粘ってフォアボールを奪った打席があった。あれを見ながら、この二人の対戦の中で、相手の胸の内を探り、次にどんな手を打ってくるのかというやりとりにおいて、「青木さんの方が知っている」という感覚を覚えた。

言葉にするのは難しいけれど、勝負を支配する「感覚」とでもいうのだろうか。

打席の意味、試合の流れを全て分かった上で、バットを構える佇まいにしびれた。

「絶対的な才能」というものは、僕はあると思います。例えばドジャースの大谷翔平選手。あれはどう見たって才能ですよ。もちろんここまでに至る道で鍛錬を重ねて、野球に対して尋常じゃなく打ち込んできたことは事実としてある。でも、じゃあ普通の人が同じように取り組んだら大谷みたいになるかと言えば、そうはならない。あのレベルまで行けるのは、まず「絶対的な才能」がある。それは間違いないことです。

じゃあ僕自身はどうなのか。実際のところ、ここまで歩んでこられたということについて、僕に才能がなかったかと言われれば多分あったとは思う。でもそれは「絶対的な才能」では決してなかった。だって、昔の自分を知る人は、今のようになるわけはないと思っていたはずですから。

宮崎の高校時代はもちろん、大学時代だってそうです。1年生の頃かな、同級生と「大学を卒業したらどうするの？」という話をしていたんです。「俺、プロになりたい」って言ったら、唖然とした顔をして「俺は普通に就職するけどな」なんて冷静に返されたことを覚えています。

その彼は一般の会社に就職したんですけれど、後に僕がプロ入りしてオフに会った時、「あの時は『嘘だろ、こいつ』って思った。本当にプロになったからなぁ。信じられないよ」って言われました。当時から足は速かったけれど、バッティングがいいかと言われれば全然でした。プロで活躍できる才能があるなんて、誰も思っていいな

第二章

才能

かったでしょうね。

自分に何か一つ才能があるとすれば、「当て感」があるということかなと思います。どんなボールでもバットに当てようと思ったら当てられる。そういう感覚は、若い時から今に至るまで誰よりも持っているかもしれません。ただそれにしたって、小さい頃からいきなりできていたことではなく、後から身につけたものなんです。きっかけは早大野球部に進んだことでした。

当時の野村徹監督から「お前は徹底的に三遊間にゴロを打ちなさい」と言われたんです。青木は足が速いのだから、三遊間にゴロを転がせばヒットになるだろうということでした。そこから、バッティング練習ではいかなる時も三遊間に打つように徹底しました。

ひたすら練習し、ひたすら量をこなしました。僕は本来凄く不器用で、狙い打ちなんてできるタイプではなかった。今じゃ信じられないかもしれないけど、高校時代は練習も大した時間はしていなかったし、その中でも逆方向に打つ練習なんてしたこともなかったんですよ。

そうして逆方向に打つという感覚を覚えたことによって当てる感覚を掴んで、そこからどこでも当てられるようになったんです。時期としては、3年生の春季リーグからレギュラーで試合に出られるようになったくらいかな。そこから春秋と優勝して結局4連覇。注目され出してプロ入りが叶うわけなので、本当にその感触を手にしたのはドラフトの1年前くらい。ギリギリのタイミングですよね。

もしかすると、その才能は元々自分の中に備わっていたのかもしれない。でも、野村監督からそういう指導を受けなければそれに気づくこともなかった。めちゃくちゃ練習を重ねたからこそ磨かれ、試合に出る機会が与えられたからこそ発揮できたわけです。

実はこの、機会を得られる、ということも結構大事なことだと思うんですよ。第一章でもお話ししましたが、ドラフト会議では毎年、育成選手含めて100人前後の選手が入ってきます。例えばダルビッシュやマー君（田中将大）のような選手は別格で、誰もがどうしたって起用しますよね。でもそれ以外の選手が試合に使ってもらうためには、色々な努力が必要です。

野球界だって人間社会なので、同じくらいのレベルであれば当然、好きな選手を使いますよね。だから、監督やコーチ、スタッフに好かれることだって、大切なことだと思うんです。単に媚《こび》を売る、という意味ではないですよ。まず日常生活から襟を正して人として信頼してもらうこと、生活態度や人間関係だって気をつける必要はある、と僕は思う。それが〝社会の縮図〟というものでしょう。

2012年にアメリカに行った時、初めは5番手の外野手という状況でした。周りはもう、煌めく才能の集まりです。「誰かが自分の才能を見抜いてくれれば」なんて悠長に構えていたらクビになってしまう。最初のキャンプ中、メジャーリーグってどんな組織で成り立っているのか、このチームはどんな形で動いていてどんな特色があるのか、考えたことがあったんです。

向こうはまずジェネラル・マネージャー（GM）がいて編成の全てを握っていて、その下に監督がいる。監督は現場の指揮官で、その下にいるコーチは日本の感覚に比べてあくまでサポート役という感覚なんです。当時のブルワーズは特に、GMは現場には一切口を出さずに、起用は監督に全権があるという力関係でした。

指揮官の考えを体現できる選手になれれば、試合に出る可能性は高まっていく。そう思った僕は、そのロン・レニキー監督がどういう野球観を持っていて、どのような選手を求めているのか知ろうと思いました。監督はほぼ毎日、ミーティングをしていたのですが、僕は通訳に、監督のミーティングは必ず一言一句全部訳して教えてくれ、と頼みました。

監督の話を漏らさず聞いて、英字の現地新聞にも毎日必ず目を通していました。そうしていると、レニキー監督が細かいことを凄く大切にする野球観の持ち主であることが分かってきました。バントやエンドラン、サインプレーについても確実性というものを求めていた。

日本人選手は得意分野ですよね。ヤクルト時代はバントをする機会も少なかったですが、大学時代はそういう細かいことを求められていたし、しっかりと学んでもいた。しかも、他の選手はミーティングも大して聞いていないんですよ。ホームラン打てばいいんでしょ、みたいな感じでね（笑）。その時のメンバーは結構適当で、バントは下手くそだし、サインも無視する。これはレギュラーになれるかもしれない、と思いました（笑）。

青木は細かいことをきちんとやれる、確実性のあるプレーができる――。最初に目をつけてもらったのは、そこだったと思います。それでチャンスを摑んでメジャーで6年もできた。振り返るとあの時、ミーティングというのは一つの大きなきっかけだったと思います。

もちろん、メジャーリーグでは球団ごとにそれぞれ色があるんです。GMがスタメンを全て決めるチームもありますし、確実性やチームプレーということよりも、とにかく個々の能力重視だというチームもある。組織の中でポイントになる人もチームごとにそれぞれいて、例えばあるコーチが伝書鳩的な役割をしていたり、あの人とあの人はツーカーだからちょっと話を聞いてみるといいぞ、ってことも。本当に面白いですよね。

僕はあの監督だったからハマったんだと思うし、運が良かったとも思う。ただ、この指揮官が何を求めているのか、ということを分かっているのとそうでないのとでは大違いですよね。力を発揮しようがないですから。闇雲に自分のスタイルを貫いて『ここは俺の仕事をする場所がない』とか、『俺の力を誰も分かってくれない』となるのでは意味がない。

才能

僕はメジャーリーグでプレーしたいのだから、まずはそこで結果を残すこと。そのためにはプレーの機会を与えてもらうことが凄く大切だった。思えばそれってシンプルなことです。だからある程度状況を見極めて、自分に何ができるのかを考えることは意外と重要だと思うんですよ。いくら才能があっても、発揮する場所がなければ意味がないし、機会が与えられることで磨かれるものがあるわけですからね。

才能というと、元々備わっているもの、というイメージがある。例えばミュージシャンだったら、ギターを持っただけで曲ができてしまうという風に。汗も流さず、苦悩することもなく、労せず凄いものを生み出していく人こそ才能なのだ、と。でも青木さんは、当てようと思ってひたすら練習したから、どんな球でも当てられるようになったと振り返っていた。

才能というものが現存して、だからこそ全てが担保されるというわけではなく、結局やらなければそこにあるはずの才能には届かないということ。さらに機会が与えられ、それが人の目に留まらなければ、その才能が存在することにはならない。

もちろん、純粋に天然のものだけでやっていく人もいるだろう。ミュージシャンなら、凄く特徴的で、いい声で歌う人。誰が歌っても同じような曲になる、そんなコード進行でも、素材がいいからそれだけで注目される人がいる。

でも、自分はそこにあまり魅力を感じない。どうにかして自分で何か新しい〝ジステム〟みたいなものを生み出すことこそ才能だと思ってやってきたからだ。

ただ、ミュージシャンはある意味得な部分もある。以前、芸人さんに「昔のネタをやると、またこれか！　ってなるけど、ミュージシャンはいいな」と言われたことがある。良い曲はやればやるほど浸透していって、強くなる。名曲と言われるものが何か一つでもあれば、それを繰り返し演奏してその都度人の感情を動かすことができるのだ。

野球選手の場合は、今日のプレーが明日には過去になってしまう。自分が残してきた結果に苦しめられることだってあるだろう。例えば高校野球で活躍したいわゆる甲子園のスターや、若くして大きなタイトルを獲った選手は、その人が輝いていた瞬間を知っているから、怪我をしたりスランプになったりすると、みんながガッカリしてしまう。

例えばこんなこともある。１６０㎞を超えるストレート、ホームランを量産できるパワー。煌めくような才能を持つ逸材が、突然、歩みを止めてしまうようなケースだ。いいボールがあるのになぜか抑えられない。いざ打席に立つと同じような球に手を出して凡退してしまう――。才能がある、と言われるのにそれを発揮できる人と、発揮できない人の違いは、一体どこにあるのだろうか。

プロの世界で僕より才能がある選手はいっぱいいたと思う。実際に、本当にポテンシャルが高くて、速いボールを投げられる選手やめちゃくちゃ打球を飛ばせる選手はたくさん見てきました。だけど、僕が大切にしているのは考え方と取り組み方、この二つなんです。

才能はもしかして初めから備わっている部分が全てかもしれないけれど、考え方と取り組み方は自分で意識すればできる部分でしょう。自分の意識で変えられることだし、自分でコントロールできること。だから天賦の才よりも、この二つの方が生きていく上ではよほど大事じゃないかなと思う。

実際に、才能に溢れていても何か一つ欠点があって、なかなかそれが直らないという選手もたくさんいました。いいボールがあって抑える時もあるのに、いきなりバコーンとホームランを打たれ出したり、ストライクが入らなくなったり。それを繰り返す選手のほとんどは、自分でその理由を分かっているのかと言われたらまず説明できないんですよ。

プロ野球はアマチュアと違って、6カ月の間、トータルでパフォーマンスを出さなきゃいけない。自分の体がベストじゃない状態の時でもやらなければいけないでしょ。その時にどうするか。体を整えることもそうだし、どういう考え方でグラウンドに立つのかということも大事。まさにこの考え方と取り組み方ですよね。

自分自身は今どういう状況でどう取り組んでいるのか。その方向が合っているのか、間違っているのか。分かっていないからアプローチもできない。闇雲に試行錯誤して、少しの間は軌道修正できたとしても、また必ず同じことを繰り返す。それは考え方と取り組み方が悪いからだし、そこを突き詰めてアプローチするという努力を怠っているからだと思うんです。

そこはもう少しロジカルになった方がいいですよね。確かに野球には感覚的な部分もあるけれど、もう少しだけ深く突き詰めて論理的に考えた方がいい。一番悪いのは、結果が残らない時に「メンタルが弱い」というところに逃げ込むこと。これはアスリートにありがちなんですよね。

メンタルのせいにしたら、もうそれ以上は突き詰められない。僕に言わせれば、それは考えることを諦めた時だと思っています。そこに逃げ込んでしまえば楽だから。だから僕は、若い選手に相談された時には「諦めないで考えろ」と言い続けます。「ちゃんと考えろ。それで答えを導き出せばメンタルも安定するから」って。

プロの世界ですから、答えは自分で探しにいかないといけない。教えられているうちはダメですよ。なんだっていいんです。YouTubeを見ることだっていいし、成績を残したOBはこんなことを言っていた、ということでもいい。この人はなんでこういうスイングをしているんだろう？　この人はなんでキレのあるボールを投げられるんだろう？　ヒントはあらゆるところにある。

その端緒を摑んだら、ロジックを組み立てて「なぜダメだったのか」、「それを変えるためにどんな方法があるのか」ということを導き出さなければいけない。アプローチできなかったことに対してアプローチして、自分の力で乗り越えていくことが大事なんです。

そうじゃないと、たとえその時はなんとか乗り越えられたとしても、またできなくなった時にどうすればいいか分からない。そこでやっぱりメンタルのせいにしてしまう。同じところで同じことを何度も繰り返しているだけでは次のステージに行けないんですよ。

かくいう僕も、どうしようもなくなったことがあります。メジャー3年目の2014年、カンザスシティ・ロイヤルズ時代のことでした。前半戦に怪我が重なった影響もあって、本当に打てなくなった。何をやっても全然ダメ。行き詰まってしまって、当時ヤンキースに所属していたイチローさんがビジターのカンザスシティに試合に来た時に頼んだんです。

「イチローさん、ご飯お願いします」って。食事をご一緒しながら、思い切って「何をやっても全然打てないんです」と相談しました。イチローさん、何て答えたと思いますか?

「考えろ」って。

「考えたんですけどダメです。自分が持っているものを全て試したけどダメなんです」

そう弱音を吐いた僕に、イチローさんはこう言いました。

「考えてもダメだったら、もっと考えろ」

その言葉にもう、ハッとしましたね。僕にはその時、そんな選択肢はなかった。イチローさんらしい言葉でしょう。考えてもダメだったらもっと考える。やってもやってもダメなら、さらにやってみる。ああ、そういうことなんだな、って。

自分のことを見たり、分析したりするのって嫌ですよ。自分と向き合うのってキツい。でもそこで考えて、少し答えが出たらもっともっと考えて、また壁に当たったらさらに考える……。そんな風に取り組んで、2週間くらいですかね。打てなかった理由がクリアになってきて、だんだん打てるようになった。それ以降は、その考え方が完全に自分のものになりました。

今振り返っても、イチローさんの一言はまさに金言でしたね。あの時は心が折れそうになっていたし、あー、俺ってメンタル弱えなって思っていたんですけど、本質はそこにはなかった。それでも考えろ。考えてもダメなら考えろ、もっと考えろ……。答えはやっぱり、考えて考えて、考えた先にあるんです。

もちろん野球をする上でメンタルの影響は必ずあると思いますよ。例えば打席の中で、インサイドを意識しすぎたから外がちょっと遠く見えた。これはメンタルの問題だし、その意識を利用した配球をされたということ。

ここで打たなきゃいけないと気負いすぎてしまって、バットが上手く出なかった。これもメンタルの影響はある。でも、プレッシャーがかかる場面では上手く体が動かないという自分を分かった上で、だったらどうやって体を操るのか、意識を変えていくのか、という点で紐解いていくことはできるわけです。

野球は基本的に「確率」というところに落とし込むことができる。あるピッチャーと対戦するにあたって、この状況ではどんなボールを投げてくる確率が高いのか。前回対戦した時はどうだったのか。前の打者との対戦を見ていたら、今日はスライダーが抜けていて真っ直ぐがストライクに入っていない。だったら次はこの球種を選択してくるんじゃないか、とかね。そういうことはロジカルにちゃんと分かる部分です。

真っ直ぐを狙おうとした時に、このピッチャーのボールは少し伸びてくる。だったら自分が思っているよりももう少しタイミングを早く取って前の方で打とう。三塁側方向のプレートを踏んで投げてくる左ピッチャーは、足をこちら側に踏み出してくる分、錯覚して外のボールでも腰が引けてしまうことがある。だからいつもより踏み込んで打っていこう。こんな風に一つ一つ嚙みくだいていくと、答えが絞り込まれて、打てる確率は少しずつでも上がっていく。

これは持論なんですけど、「投げ方」って嘘をつかないんですよ。こういう投げ方をしていれば、ボールはそこにしか行かない、というものがある。逆を言えばアウトコースにしか投げられない人、高めにしか行かない人って投げ方を見れば大体分かります。だからヒットを打ちたいのなら、そのピッチャーをまず研究すればいい。

仕草や表情を見て分かることもあります。気持ちが焦るとゴクッと唾を吞み込む仕草をする。あれ？　ランナーが出始めたら急にセットに入るの早くなったな、とか。テンポが異様に速くなったり、目を見開いて落ち着きがないぞ、とか。

このピッチャーは結構、神経質なんだなとか、今頭に血が上ってカリカリしているな、とか。この投げ方で、投げ急いでくるとなると必ず浮いてくるな、だったらこの高さを狙おう。だいぶボールが抜けてきたなと思えば、キャッチャーの構えたところとは逆に来る可能性もあるわけだから、そこを待ってみる、とかね。

僕は「ヒットはピッチャーが教えてくれる」と思っているんですよ。ピッチャーの映像を見て、データを頭に入れ、そのピッチャーをちゃんと理解しておく。目で見て感じる全ての情報が、答えを導くための大きなヒントになるんです。

何かを解決しようと思ったら、感情的に「悩む」のではなくて、ロジカルに「考える」必要があると僕は思っている。取り組み方、考え方の何が足りないのか、何が間違っているのか。自分の頭で考えて、自分の言葉で説明することで、見えてくるものがより鮮明になる。自ら導き出した「法則」や「方程式」のようなものが増えていけば、スランプに陥り立ち止まってしまった時でもそれを解決するための引き出しも多くなっていく。

元々備わっている才能には限りがあっても、自分の力で変えていける取り組み方や考え方は経験を積んだ分だけ、永遠に増やしていけるんです。「歳を取る」ということだって、身体能力や筋力という面ではマイナスかもしれないけれど、その面ではプラスに作用していくでしょう。

そう考えるとイチローさんの頭の中なんて、一体どうなっているんでしょうね。考えて考えて、さらにその先まで考えて導き出した引き出しを覗いてみたら、とんでもないものが見られるような気がします。イチローさんが現役を引退したのは45歳の時でした。僕は今年42歳でまだまだ及ばないけれど、これからも打席に立ち、自分と向き合い、考え続けていきたい。それをワクワクできる自分がいます。


人を観察するのは得意なのに、自分を見つめる、振り返るという作業が苦手だ。自分のライブ音源を聴くことも少ない。色々と確認しなければいけないことがあって、どうしようもない時だけ映像を見たり音を聴いたりするが、その時間は常に苦痛が伴う。

球場へ観戦に行くと、バッターが打ち終わった後にすぐ、大型ビジョンを振り返って自分の打席の映像をチェックしているのを見かける。あれを見るといつも、プロ野球選手は本当に凄いなと思う。長いシーズンの中で同じチームや同じ選手と対戦を重ねていくスポーツだからこそ、過去の自分の一挙手一投足が全て布石となって、未来の自分に返ってくるのだろう。

話を聞いていると、青木さんの才能は「バットに当てること」から、物事の本質を見抜き、手に入れた数多の情報の中から自らに最も必要なものを選び取り、なおかつそれを自分の中で体現していく力まで、ありとあらゆるところにあるのではないかという気がしてならない。

「情報処理能力」と言えば何か機械的で、「考える力」と言えばぼんやりしてしまう。でも、青木さんが今までぶつかってきた出来事や、出会った多くの人の言葉や教えから瞬時に自分に今必要なものを選び取り、それを自らの血肉としてきたのは驚くべきことだ。

　修学旅行で見た東京の景色からも、早稲田大で開花させたバッティングの技術も、プロ入り後に見聞きした多くの選手の姿も、メジャーで貪欲に読み解いた組織に必要とされる術も、イチローさんの言葉からも。全てを身につけ、道を切り拓くための武器としてきたように見える。

　よく「色々な人のアドバイスを聞きすぎて、何が何だか分からなくなってしまった」という若手選手のエピソードを聞いたりするが、青木さんにそんな話は無縁なのだろうと思う。

　野球界には今、数々の若き才能が溢れている。その筆頭が、ロサンゼルス・ドジャースの大谷翔平選手だ。「二刀流」として前人未踏の地を切り拓き、メジャーリーグで2度のMVP受賞という偉業を達成した。

　ヤクルトの村上宗隆選手は2022年に令和初の三冠王となった。まだ24歳の主砲は、オフシーズンの自主トレーニングを共にする青木さんを慕い、尊敬している。

第二章

才能

眩いばかりの若き才能を、青木さんはどのように見ているのだろう。また、チームのリーダー的立場から、若い才能を伸ばすためには何が必要だと考えているのか。スポーツの指導者、そして一般社会の組織にも当てはめることのできる才能の「取扱説明書」はあるのだろうか。

それを言ってしまうと元も子もないんですけど、やっぱり人って全然違うんですよね。例えば凄く才能があるバッターで「ここに来たボールだけ振ろう」って決めて打席に入っていたのに、いざとなったら全く違うところを振っちゃう人って結構いるんです。

「え、ちょっと待って、ピンポイントじゃなくても、ざっくりとこの辺に合わせればいいんだよ。そこを待てば打てると思うよ」。そう言っても、全く違う低めのボールをブーンって振って三振。「いやあ、つい振っちゃいました」ってね。でもそれって実は、アスリートの習性のようなところもある。150㎞を超えるボールに反応するわけだからそういう反射神経があって、だからこそ活躍してきたとも言えるわけです。だから、若い子にアドバイスする時は凄く考えてしまう。「だからダメなんだ!」と言ってしまえば簡単だけど、もしかしてそういうタイプの選手には逆に考えさせない方がいいのかな、と思ったりしてね。

ソフトバンクの柳田悠岐選手に、「打席でどういう待ち方をしているの?」と聞いたことがあるんです。そうしたら「真ん中だけ待ってます」と言っていた。でも柳田選手ってびっくりするようなボール球を振っている光景、よく見るでしょう。だから彼は、実際に「真ん中だけ」待っていたとしても、とんでもないコースにも反応して、かつそれをホームランにできてしまうんです。

何を目指しているのか、と言われれば結果を出すことなのだから、これは彼にとっての正解なんです。振って振って振りまくって、試合に出たら何でも打てるよ、という才能の持ち主はいるんです。僕はロジカルに考えて突き詰めていくタイプだけど、そうじゃない才能の発揮の仕方もある。だからそれは、アドバイスする側もちゃんと見極めないといけないですよね。

結局は何事も〝自分流〟なんですよ。人の言うことを聞くな、という意味ではなく、結果を出すのは自分自身でしかないということ。だから、いかに早い段階で「自分流」を見つけられるかということは大切だと思う。コーチの言うことを聞きすぎて、何が何だか分からなくなった、と言う選手も実際に見てきました。教える側って言葉にする時点でロジカルに説明しているので、それで考えすぎて迷いが出てきたという人もいました。

若い選手にアドバイスを求められることも多いけれど、そういうタイプには僕は「迷うんだったらやめてくれ」とは言います。僕と同じメンタルの状態では決してないでしょうし、パンクしてしまったらどうしようもない。さっきのイチローさんの

第二章

才能

「考えろ」という言葉にしたって、僕だから響いたのであって、「自分で考えろ」と言われて考えられない子もいるわけです。

ただね、結局は周りの人に付きっきりでやってもらっている人って、あまり大成していないですよね。結局は、自分で考えてやれる人が成功している。こういう風にやった方がいいよ、と言われたことを毎日毎日やって、1、2年は喰らいついていけたとしても、3年目以降は自分でやらないと限界は来る。自分の才能の「取扱説明書」は、自分自身で持っていないと。自分を客観視して、自分を扱うために最適な方法を知る。なおかつ、さらに機能を高めるためにはどうすればいいか、日々探究していかないといけない。そうなるとやっぱり「自分で考えろ」ってことになってしまいますけどね。

ちなみにムネ（村上）は、まだまだこんなもんじゃないと思っています。若いので取り組み方や考え方をもっと煮詰める必要があると思います。あれだけの結果を残して『村神様』なんて言われますけど、中身は普通の24歳だと思って見ています。

三冠王として迎えた昨年（2023年）のシーズンは調子が良くなくて、チームも勝てなかった。これまでは高校野球の延長線上で順調に歩んできたように思いますが、そこで初めて野球の難しさを知り始めたんじゃないかな。打てるのが当たり前、という状況で打てなくなって、周りからの目も気になり出した。大人の階段登ってるような状況ですよ。

去年春から夏にかけて調子が良くなかった頃、こんな言葉をかけました。

「ムネ、俺には三冠王は取れないけど、今まで得てきた経験を伝えることはできる。だから経験は必要なんだよ。いいことも悪いことも、経験が力になっていると思う。だから今、徹底的にこの現実と向き合え」

そう言ったんです。「三冠王」という信頼があるから、簡単には試合でも外されない。逆に言えば外してもらえない、というところもある。ダメでもずっと出られてしまうということは、辛さもあったと思います。WBCでチームメートとして体感した、大谷の残像に苦しんだこともあったでしょう。じゃあ、何が原因なんだろう。そこに向き合わなければいけないよ、と。

「今、打席に入るのは怖いだろう?」と聞くと、「めちゃくちゃ嫌です」と。やっぱりムネでもプレッシャーは感じているんですよ。チームもなかなか勝てないし、若くしてそんなことを背負うのはかわいそうだなと思うけれど、でも彼ほどの存在になったらそこは避けて通れないんです。となれば、何が引き金でこうなったのかをしっかり理解して頭の中に入れておかないと、来年以降もまた同じように怖い思いをすることになる。そんなことも伝えました。

ムネを見ているとトレーニングなんかは、本当にしっかりやっているんですよ。でも、シーズン中にトレーニングがメーンになってバッティング練習、バットを振る量が少し減っているような気もした。調子が悪いんだったら、一旦、その比重を少し変えてみたら？　と話したこともありました。フィジカルを鍛えることは大切だけれど、打席に向かうのに迷いがあるならもう少し振ってみてもいいんじゃないかな、って。

あとは、データをしっかり見てみたらどうか、という話もしました。以前のムネはあまりそういうことを気にしないタイプでした。自分のバッティングをしっかり振り返って、映像や数値としても把握したらまた何か違うものも見えてくる。シーズン後半には毎日のようにチェックするようになっていました。

持っている才能は物凄いものがある。これはもう、誰もが認めるところです。でも、まだまだ発展途上。のんびりした性格なので、遅刻してきたこともあります（笑）。いい意味でも悪い意味でも気にしない性格です。それはとてつもない才能の裏返しでもある。爆発的な集中力を持っていて、凄いことをやってしまう選手なんです。だから彼も天才ですよ。

今は才能の塊、という段階かもしれない。でもこれから先、年齢を重ねた時に本当の意味で野球界の中心になっていくとすれば、そこは考えていかなければいけないことですよね。近い将来にアメリカに行くかもしれませんし、ずっと日本にいるかもしれない。いずれにしても、昨シーズンぶつかった壁に立ち向かって打破して、これからも色々な経験を重ねていってほしいと願っています。

第三章

技術

音楽にとっての〝技術〟とはなんだろう。いわゆる「歌うま」、歌が上手いというのは分かりやすい技術だ。楽器が上手く弾ける、誰にでもできるわけではない高度なテクニックで演奏できるというのも明確な才能だろう。

歌に絞れば、例えばバラエティー番組で、音程を外さずに歌いきったら100万円、みたいな企画がある。譜面通り、音程もテンポも正確無比に音を奏でる。「口から音源」なんていう言葉もあって、生で歌った時に音源と全く一緒に聞こえることがとにかく賞賛されるのだ。

譜面や音源に対して正確に演奏できることが技術の追求だというのなら、ライブに行く意味は果たしてあるのだろうか。あまりに下手すぎるのは問題だけれど、テクニックがゴールであるならば、最終的にはAIやボーカロイドに任せればいい、ということにもなる。

「歌うま」にはもう一つ、「言葉にはできないけれどなんかいい」という上手さがある。味があるとか、クセになるとか、聴く人の心を震わせられるとか、そういったことだ。正確性というよりは、何かしら〝揺らぎ〟があった方がいい。特にバンドにおいては、ただ上手いとか、テクニックがあるからといってリスナーに刺さるわけじゃないというのが面白さであり、難しさでもある。

一方で野球の技術は、明確に結果に結びつけるためのものである。ピッチャーで言うならば、体の力を効率よくボールに伝えるための技術。ストライクゾーンにコントロール良く投げ込む技術。多彩な変化球を操る技術……。バッターならば、ピッチャーが投じる多種多様なボールとコースに対応できる技術。それをヒットゾーンに運ぶバットコントロール。あるいは、相手バッテリーとの駆け引きの中で狙い球を絞るというのも技術かもしれない。

その技術を突き詰めるために、まずそれを可能にする体――筋力やスピードや柔軟性――を身につけなければいけない。そして緊張が高まるシチュエーションでも揺らぎなく技術を発揮できるメンタルを保つことも必要だろう。まさに「心技体」のバランスあってこそだ。

そもそも技術はどうやって身につけるのか。歌で言えば、正しい発声をするためのボイストレーニングになるのかもしれないが、自分の感覚では、それは、上手くなるためというより筋トレやストレッチに近い。それぞれ持っている声も違って、トレーニングが合う人もいれば合わない人もいるから、それさえやっておけば正解、というものでもない。

野球にも、誰もがこれさえやっておけば技術が身につく、というメソッドは存在しないはずだ。そもそも人はそれぞれ体の大きさやスペックが違うのだから、誰にでも共通する方程式などないし、昔からよく言われる「肘を畳んで」とか「脇を締めて」というのも感覚的なことでしかないのかもしれない。
青木さんは「どんなボールでもバットに当てることができるのは自分の才能」と言っていた。では、その才能をどうやってバッティングの技術へと昇華させてきたのだろう。涼しい顔でヒットを積み重ねていたあの日々、何に心血を注ぎ、何を突き詰めていたのか。ずっとそれが気になっていた。

プロ1年目、自分がまだ二軍時代に「野村ノート」を読んだんです。ヤクルトの監督も務められた野村克也さんの本で、そこにはキャッチャー目線から見たバッターの分類について書かれていた。
野村さんは、基本的にバッターは4つのタイプに分類されるとしていました。
(A型)特にヤマを張らず、直球に重点を置きながら変化球にも対応しようとするタイプ
(B型)内角球か外角球か、狙う球のコースをどちらかに絞り込むタイプ
(C型)打つ方向を、右方向か左方向かに決めるタイプ
(D型)直球か変化球か、球種にヤマを張るタイプ
僕はこれを読んだ時に、「自分はどれだろう?」とか「こういうタイプを目指していこう」ということではなく、「ということは、この4つを全てできるようになった

らバッテリーは対応できなくなるんじゃないかな」と考えたんです。その日から、この4つを全てできるように、と考えながら練習に取り組みました。幸い1年目はファームで過ごしたので、バッティングに向き合う時間はたっぷりと取れたんです。

僕は基本的に大学時代までは、（C型）ならばできるかな、というバッターでした。打つ方向を決める。といっても、右には打てなかったんですよ。引っ張りはできなくて、逆方向にしか打つことができなかった。

まず最初に、バッティングの基本である（A型）に対応できるようにすることから始めました。基本的にストレートを待ちながら、変化球にも対応する。対応できる幅というのは広ければ広い方が一流になれる可能性が高いわけですから、相手ピッチャーを知り、カウントごとに投げる球種の確率はどう変わっていくかということも理解しながら対応できるようになりました。

コースにヤマを張る（B型）もできるようになりました。球種を絞り込む（D型）も対応は可能でした。もちろん、実際のところはヤマを張っても打てるボールと打てないボールがあります。では打てるボールを待ちたい時にどうすればいいか、というところで（C型）と（D型）をミックスさせながら対応の幅を広げるようにしました。

最も苦労したのが、（C型）の右方向、つまり「引っ張り」でした。僕は左バッターなので、引っ張るバッティングというとライト方向へと打つことですが、そのためにはなるべくポイントを前に持ってこなければいけない。自分の体の内側、インサイドへのボールに対して引っ張ろうとすると、ポイントが後ろでは腕が窮屈になって打球が詰まってしまいますから、自ずと前のポイントで打とうとしますよね。

では、真ん中からアウトサイド寄りのボールに対して引っ張ろうとするにはどうしたらいいか……。特に、二軍にいた当時は2番バッターをしていました。20年近く前のことですから、当時の野球で2番バッターといえば、ランナーが一塁にいたら進めるために当然、一、二塁間に打とうという考えがある。それを分かっているからプロのピッチャーは引っ張らせないように外角へ投げてくるわけです。そうなった時、僕は全然打てなくて悩みに悩みました。

何でもいいから何かきっかけが欲しくて、当時現役だった古田さんに聞きに行ったんです。古田さんは右バッターですが、アウトサイドに逃げていく球をすくい上げてレフトスタンドにホームランにする、というイメージが凄くあった。外の球を引っ張るのが得意なんですよ。

古田さんは、「外の球を一、二塁間に打つためにいかに前で捉えるか」ということを教えてくれました。言葉で説明するのは難しいですが、イメージとしてはストライクゾーンを〝平面〟ではなく、〝奥行き〟も含めた3次元で捉えて勝負していく、という考え方です。アウトサイドに対しては、ポイントを引っ張れるように前に出す。そのために始動を早くしてバットをゆっくり出すようなイメージで振っていくと、上半身が突っ込んだり泳がされたりすることなく、下半身主導のバッティングができる。

これができれば、落ちるボール球に対してもバットが止まりやすくなって、引っ掛けたり空振りすることが少なくなるんです。〝奥行き〟の話を論理的に話してくれた方はなかなかいなかったので、なるほど、と思いました。早速取り組んでみたらできるようになったんですよ。引っ張りを覚えて前のポイントで打てるようになったら、同じイメージでさらにインサイドも引っ張れるようになりました。

加えてバットの軌道についても、それまでは少し縦に切るような感じでスイングをしていたので、もう少しフラットに振った方がいい、と教えてもらいました。それがプロ2年目、横浜スタジアムだったかな。そこから全てがいい方向に転がっていきました。

ヒットを量産し始めてそこから200安打打てましたし、前で捉えると飛距離が出るので同時に長打も増えていくんです。引っ張れるようになって色々なことを克服して、世界が広がるような感覚がありました。

バッティングの技術について考えるきっかけになった野村さんとは、2006年11月に行われた日米野球のNPB選抜チームで監督と選手として一緒にやらせていただきました。結果はMLB選抜に引き分けの後、5連敗。以降はちょうどすれ違いのような感じであまり接点がありませんでした。

でもスワローズの教育というか、野球に対する基本的な考え方というのは野村監督時代から受け継がれていて、伝統として今も色々なことが残っている。コーチたちも、基本的に「野村イズム」に影響を受けてきているので、チーム全体に染み付いているんですよ。

僕が「野村ノート」を読んで、キャッチャー視点の逆の発想から「全部できるように」と取り組んだように、日本の野球界は「野村イズム」を境に様々な理論やメソッドが生まれ、さらにそれを超えようと技術や戦略が進化していった。今はそこにデータや映像というテクノロジーが加わり、凄まじいスピードで革新的な変化を遂げています。野球界の価値観を変えたターニングポイントという意味で、野村さんの存在は本当に偉大だなと感じています。

「自分は人に恵まれていた」と振り返る人がいる。青木さんも過去の指導者の教えや名選手から受けた影響、トレーナーとの運命的な出会いを明かしながらそんな言葉を口にしていた。

でもその経緯や、やりとりを聞いていると、青木さん自身に「教わる才能」、「教わる技術」があったんじゃないかと思う。自分自身に「何か」足りないものがあると思った時、青木さんはただ迷っているだけでなく、能動的にその「何か」を求めに行っている。教えを請うたり、文献を読んだり、データを分析したりして、ヒントを探していく。

人がくれる言葉や教えが全て自分にピタッと当てはまるわけではない。でも、それを自分の言語に翻訳して、自分の体に当てはめていくことで、まだ見ぬ「何か」に落とし込もうとする。

スポーツの世界で身体能力の高さは絶対的な武器であるだろうけれど、その才能を発揮し技術を向上させるためには、誰かの言葉や教えが不可欠だ。人に出会い、人に教わることで能力は引き出されていく。

「教わる技術」というのは、なかなか稀有な能力だ。

青木さんを見ていると、「人に恵まれていた」というのは、決して偶然ではなく、その環境を自ら求め作ってきたからこそなのだと感じる。

一方で自分はなかなかの捻《ひね》くれ者で、ネガティブな感情を糧にしてきたタイプだと思う。尊敬できる人に出会ってその言葉に導かれる、というのではなく、むしろ悪く言われたり、嫌な人を見た時にこそ自分の成長の転機があった。

こんなやつには負けたくないとか、絶対にあいつより上に行ってやるとか、いわば反発心を抱いて、それがもの凄く大きな原動力になっていたように思う。今振り返ると、その嫌な人たちに本当に感謝している。ネガティブな感情に出会えてよかったと、心から思う。

一見、嫌な言葉でも、裏を返せば自分にとって意味のある何かがあるということ。逆に、ポジティブで優しい言葉は、ただそれだけでしかないとも思う。そういう意味では、あの時の自分も、人の言葉を自分に必要な言語に翻訳することができていたのかもしれない。

技術を教わってきた順番というのは、実はとても大事だと思うんです。僕に才能があるとすれば「当て感がいい」こと、つまりどんなボールでもバットに当てられること、と言ってきましたが、それも最初からあったわけではありません。

むしろ高校時代まで「当て感」なんて全く持ち合わせていなかった。身につけたのは早稲田大学に入ってから。当時の野村徹監督に「お前は足があるから三遊間に打て。打ったらヒットになる可能性が高いんだから」と言われて、ひたすら三遊間へ打ち続けた。それをやっているうちに当てるのがだんだん上手くなってきたんですよ。

その練習というのも本当に極端で、三遊間への打球以外は一切、認められない(笑)。しまいにはバッティング練習中、自分の正面に縦にネットを置かれて「こっちから右には絶対打つな」と。もしそのネットより右に打球が飛んでしまったら「右に打ったな！　レギュラーみんな、グラウンド1周！」みたいなこともありました。

自分だけでなく、連帯責任ですよ。そういうバッティング練習をやらされたのはほぼ、僕だけです。下級生の頃だけでなく、4年間ずっとですから。もうこれは必然的に、三遊間にしか打てなくなりますよね。

僕も若いですからホームランだって打ちたい。監督がグラウンドにいないと思ったら、思いっきり引っ張ったりしていました(笑)。僕だってプロに行きたいから、長打もありますってアピールしたいじゃないですか。でも監督が見ている前では当然、そんなことは許されないですから。

当時、僕の足が速かったというのは確かに一つの長所でした。野村監督は、そういうのを見た上でこいつをなんとかするにはその特長を活かすしかない、と思っていたんだと思います。でも、その甲斐あって4年生になった頃には、大学生レベルが相手ならいつでも逆方向に打てます、くらいの感じになりました。

順番が良かった、と言ったのは、その当て感がある状態でプロに入ってきた上で、さらに右方向への引っ張りを覚えたということ。もし僕が高校を出てすぐにプロに入っていたとしたら、当て感も何もなくて自分はどうしたらいいのか、何が長所なのかまず迷っていたと思う。

自分の場合、もし引っ張りを最初に身につけていたらその逆って難しかったと思います。多分、プロに入ってから左方向への打撃を覚えようとしても自分のものにするまで時間がかかりすぎて、その前に戦力外になってしまったかもしれません。

プロ2年目に一軍で出始めた時は、長打なんていらなかったので、とにかく塁に出ることを念頭に置いていました。ヒットを打つ。フォアボールを選ぶ。とにかくバットコントロールで勝負というか、自分が生きる道がまずはそこだと。

やっぱりレギュラーを取らなきゃいけないって思った時に、まず自分が何ができる選手だというのをはっきり打ち出していかなければいけないわけですから。その上でレギュラーを取った、となった時にそこからさらに長打を打てるような選手になっていかなければいけないと思った。そうやって自分の価値を上げていくようにしていきました。

やっぱり長打が打てる、甘いところに来たらホームランだって打ちますよ、というところは必要なんです。当然、メジャーに行くという考えもあったから、そもそもの打撃技術をもっと磨き上げるべきだっていうのを、長いスパンで考えていました。

僕にとっては、まず当て感、その上で長打、という順番で身につけていったことがもの凄く大きかった。今でも何か調子が悪くてなかなか長打が出ないという時には、とりあえずなんとかヒットを打つことができたりもする。自分の中で立ち返れる部分になっているんですね。だから教育の順番っていうのはもの凄く大事なんじゃないかなというのは感じます。

もう一つ、大学時代が自分の中で大きなポイントになったと思うのはメンタルの部分です。野村監督からは気持ちの持ち方が一番大事だということを4年間教わってきました。だから今では、気持ちがあれば大抵のことはできるという風に思っているんです。気持ちで負けたら絶対に負ける。逆に言えば、気持ちさえ折れなければ必ず活路は開ける、と。

野村さんはある意味で〝昔ながらの監督〟だったんです。学年で一人だけ、入学してから3年間、僕は毎日のように厳しい声をかけられていて、そのプレッシャーの中で練習を続けていた。でも試合になると監督はもの凄く冷静で、選手には何も言わないんです。だから試合はめちゃくちゃ楽しかった。プレッシャーから解き放たれたようにのびのびとプレーできました。

僕も何か言われたからといって、ただ落ち込むタイプじゃないんです。当時は内心反発する気持ちが顔にも出ていました。ブチ切れて生意気な態度を取ったりすると「なんだその生返事は？　お前はもう走っとけ！」って。試合後にスパイクで3時間くらい外野を走り続けていた。

直接監督に聞いたことはないですが、おそらく僕の性格を分かった上で、そういうことにへこたれるタイプではないと思っていたんだとは思います。同級生の鳥谷（敬）には何も言わなかったですからね（笑）。

本当に辛くて野球部を辞めようと思ったことも何度もありましたけど、結果的には生き残って多少のことでは動じないメンタルを手に入れた。プロに入った後は、辞めようと思ったことなんて一度もありません。手取り足取りという指導ではなくなり、自分自身で考えて自由に野球ができる。なんて楽しいんだろう、ってね。

そこから自分の発想力が活かされた。僕はプロに入って伸びたタイプです。考え方、野球の基礎を大学時代に教わった状態でプロに入ったもんだから、何も言われなくなったプロでのびのびと自分のプレーができた。僕みたいなのは突然変異みたいなものですよ。大学時代のチームメートは、誰もこんな選手になるなんて思っていなかったと思います。

そういう意味では、尾崎さんが言うところの辛い状況とか厳しい声への反発心をエネルギーにグッと頑張れたというところは僕もあったかもしれない。今、結果が出て振り返ると「あれも糧になった」と思えるけれど、もちろんそういうことに耐えられない人や、そういう環境で潰れてしまった人もいるでしょう。だから、当時だから成り立った厳しい指導というものを全面的に肯定するわけではなく、僕にとっては良かったなという話です。これは難しいところですね。

ただ、何より良かったのはその順番だったということ。これははっきりと言えます。技術という面ではまず、バットに当てること、逆方向へのバッティングというベースを完全に確立した上で、長打を打てるスキルも身につけたこと。メンタルという面ではまずひたすら厳しい状況で練習に耐え抜いた上で、プロに入り自由な環境で自分の発想力を活かすことができたこと。このいずれも、順番がもし逆になっていたら本当に苦労しただろうなと思いますから。


歌っていて、思っている場所に音が当たらない、ということを苦しく感じることがある。特にこの10年ぐらい、自分の意思とは関係なく筋肉が動いて首がグッと詰まるような感覚に悩まされている。歌いたいのに、声が詰まって出てこない。これほど辛いことはない。

酷い時は、ネットにも「なんでこんな状態でライブしているんだろう、恥ずかしくないのかな」などと書かれたりもしていた。自分でも頭では分かっていて、とにかくなんとかしたくて色々な病院を訪ねて回った。怪しい気功なんかにも行ってみたけれど、何を試しても全く治らなかった。

今通っている鍼《はり》に行き始めてから、どうにか最低限やれる、というところまで辿り着いた。

自分の体と戦うというのは、やはりもの凄く大変なことだ。自分で作っている曲が、なぜ自分で歌えないのか。どんどん人の目が気になるようになってきた。

バンドのメンバーに「自分が辞めた方がいいと思う」と言ったこともある。でもそんな状態でもファンはいてくれる。明らかに歌えていないのに、涙を流してくれるファンがいる。それがありがたい反面、そんなファンの姿を見ている自分が情けなくて……。

伝えたい相手がいるのに、そこに対して届けられない。自分の体なのに自分の体じゃないような感覚。どうしようもない苦しみが自分の中に共存している。

野球選手も、大きな怪我をした時や年齢を重ねていく中で、このような苦しみを味わうことがあるだろう。頭では分かっていても体が言うことを聞かないような状況に直面した時、それは想像を絶する辛さだろう。体の不調は結果に直結し、仕事を失う可能性もある。

究極の状態で頼りになるものは何なのか。「技術は嘘をつかない」、「技術は歳を取らない」という言葉もあるが、行き詰まった時、「技」は「心」や「体」を凌ぐ普遍性を備えているのだろうか。年齢や体の変化と向き合う中で、青木さんにとって「技術」はどんな意味を持つのか。

ここ何年かでできなくなっている部分は絶対にあります。悔しいですけど、やっぱり年齢に伴う変化というのはどうしてもあるということを感じていますね。それを実感し始めたのは2022年シーズンあたりから。自分の感覚と少しずつズレが出てきたところがあって、自分を探るというか、怪しむような感じを持っていました。実際に成績も思うように残せなかったですしね。

具体的に言えば、力感のようなもの、一瞬で0から100へとバッと持っていけるような力がなくなって、だんだん押しきれなくなっている感じがある。スポーツ界でよく言われる「目の衰え」というところはまだ感じてはいないのですが、体が少しブレるようになりました。ボールを捉える時に、微妙に狂う感覚があるんです。

その誤差を埋めるために色々と試行錯誤してきましたが、これはやっぱり大きく何かを変えなければいけないと思い立って、22年のオフにアメリカに行ったんです。現地の専門施設でデータを取って、それをどう自分の動きに落とし込むか、という作業に取り組み出しました。その影響もあって23年シーズンの半ばからは、少し感覚が

技術

戻ってきているという手応えも感じています。

　年齢と共に、体力や疲労度が変わってくる部分はあります。でも逆に体の使い方という点では、むしろ若い頃より上手くなっていると感じているんです。トレーニングを積み重ねてきた分、効率よく体を使えるようになってきた。これは身につけてきた技術で補っている部分もあるのでしょう。

　野球の技術は「再現性」の要素が大きい。バッティングで言えば、自分の体の力をボールに伝える最適なフォームを毎回再現できるか、というのは最たるところでしょう。その上で、生きたボールにどう反応するか、様々に変化するボールをいかに捉えるか、ということが大切になる。

　マシンの球を打つのではなく、常に対戦相手がいるこの世界で、打席は積み重ねる数が多ければ多いほど有利になる。相手ピッチャーに対する読みや駆け引きという部分では、引き出しが多い方がいいですから。その経験とデータを合わせて洞察力を働かせることで、どんな場面でも応用できるようになるのだと思います。

　僕はヒットって〝ピッチャーが教えてくれるもの〟だと思っているんです。対戦するにあたって考えることといえばまず、「ピッチャーがどんなボールを投げてくるか」だと思います。そのために僕は、徹底的に相手を観察します。

　ベンチから表情を見ただけでも、色々と分かることがある。あのボールをあのコースに投げた時に「しまった」という表情をしていたな。だとすれば、次はもう少し丁寧に低めを突いてくるかもしれない。審判のストライクゾーンのジャッジに納得いかないような顔をしていた。次に同じコースに投げる時は、もう少しだけ内側を狙ってくるだろう。冷静さを欠いて投げ急いでいるから、甘いところに投げてくるかもしれない……。あるいはだいぶボールが抜けてきて、キャッチャーの構えとは逆方向にボールが来たりするのであれば、そこばかり待ってみよう、とかね。

顔色、仕草、表情……。ピッチャーのことが分かれば、増える情報量はたくさんあるんですよ。だって、ピッチャーも生身の人間ですからね。もちろん、事前に分析しておくことが大前提です。ビデオを見て、データを把握して、そのピッチャーの特徴を頭に入れておく。その上で、今試合の中で起きている出来事、ピッチャーの調子や表情といった生の要素を掛け合わせて確率を高めていく。それも技術の一つです。

僕はメンタル面でも技術は大きな要素だと思っています。メンタルって、最終的にはもの凄く大事ですよね。例えば2アウト満塁、カウント3－2。こういう時のピッチャーの心境ってもう極限状態だと思う。ヤバいかもしれない、と思ってしまったら、普段いくら技術を持った選手でもそれを発揮することはできません。

マラソンだって42・195㎞で最後の最後はもう体力でも技術でもなく、気力ですよね。「最後は勝ちたいと思う気持ち」ということをよく言いますが、あれは本当にそうだと思う。メンタルはめちゃくちゃ大事なんですよ。

ただ大事だからといって「メンタルが強い」「メンタルが弱い」というような言い

方をして、自分の努力と切り離してしまうのは逃げ道だと思う。メンタルの強さって、初めから「持っている」人と「持っていない」人に分かれているわけではない。「メンタルが弱いから」とか、「運がなかった」というような言い方をしてしまう人って、それを整えるための努力を怠っている可能性があると思うんです。

メンタルを整えるために、ではどうすればいいのか。そこには技術の要素も大事なんです。例えば前の打席でインサイドにズバーンと来て見逃してしまったとします。次の打席で追い込まれた時に、またあの球が来るかもしれない、という考えが頭をよぎって、最後はフォークボールに空振り三振。言うなれば「インサイドのイメージが残っていて、打席の中で迷ってしまった」という状況なんですけど、これはメンタルがコントロールできていなかったとも言える。

そもそも打席に立つ前にちゃんと整理できていないんですね。あのピッチャーは追い込まれたら、ここを意識させてくるんだな、とか、こういうファウル打ったらこう来るのか、とか。ロジカルに考えて整理できていれば、メンタルは当然安定してくるわけです。

これは、一打サヨナラというような「状況」という要素でも同じことです。重圧がかかる場面でいつも自分はどういう心理状況になるのか。緊張で体が固まってしまうと、スイングがどうなりやすいのか。ロジカルに考えて整理できていれば、そうならないための対策が取れる。「ここで打たなきゃいけない」という状況にフォーカスするのではなく、あくまで「このピッチャーとの対戦」というところに集中するのも、自分でコントロールできる部分です。

いずれにしろ、そうやってロジカルに考えて準備したことを、実行に移せる技術を備えていれば、メンタルの問題は解決できる部分が大きい。メンタルは技術の一つであり、技術があればメンタルも安定する。「技術」って一言で言うけれど、実は思っているよりも幅広い要素なんです。

よくスポーツに大事なものとして、「心技体」と言いますけれど、その三つの要素はそれぞれに補完し合っているところがある。技術があれば体の衰えをある程度カバーすることができるし、メンタルの安定にも繫がる。一方で、怪我をしたり体力が衰えたりすれば、技術を安定的に発揮できないし、そうなればメンタルも乱れてくる。

僕のことで言えば、40歳を超えてその「体」の部分が揺らいでくる時期には、「技」と「心」がそれを受け止めて支えるということが大事になってくると思います。「技術は歳を取らない」というのは、ある一面においては正しいけれど、では一度身につけたものを恒久的に使えるかというとそうではない。なぜなら、野球は日々進化し続けていますからね。

特にこの10年は、データ分析や映像解析の進化に伴って恐ろしいスピードで野球そのものが変わり始めている。バッティングフォームやピッチングフォームというメカニック的なところもそうですし、データによる対戦相手分析というところもそう。特にバッターは、ピッチャーが投げたボールに対応する職業ですから、ピッチングの技術が進化していけば、バッティング技術だって進化しなければ取り残されてしまう。

つまり、技術は日々アップデートしていくべきものということですね。玉磨かざれば光無し。一つのものにしがみつくのではなく、常に進化を求めることで技術は維持されていくのだと思っています。

第四章

数字

振り返れば小さい頃から今までずっと、自分にまつわる数字ばかり見てきたように思う。小学生の時は健康診断やテストの点数、通知表に記される数字が気になっていたし、中学、高校受験となれば偏差値という指標もあった。昔からそうやって自分にまつわる数字を知るのが好きで、それは音楽に関しても例外ではなかった。

誰が何を求めているのか、どんな音が求められているのか、数字を見れば一目で分かる。今なら例えばSpotify（音楽ストリーミングサービス）で、自分のバンドがどれだけ聴かれているのかは月間リスナー数を見て把握することができるし、YouTubeに上がった動画が何回再生されたかということもリアルタイムで分かる。

昭和から平成後期くらいまでは、「オリコンチャート」が全てだった。ＣＤの売上げや、有線のリクエスト数などが人気の指標だったが、今はすっかり様変わりしている。ＳＮＳの普及やメディアが細分化されたことに伴って新しいスケールがどんどん出来て、数字はさらに細かくなっている。

一方で、指標が細分化されるあまり、そこにリアリティが感じられなくなっているような気もする。例えばよく使われる「1億再生回数」という数字も、どんどん上がってきて「10億」「40億」、最近では「〝最速〟1億再生数突破」という表現まで登場している。

だからといって、「数字なんて関係ない。自分はやりたい音楽をやるんだ」というスタンスを取ろうとも思わない。上がいる以上、どうしてもより良い数字を求めてしまう。

野球の世界では「数字」は現実を映す鏡だ。投手にしろ野手にしろ、成績は常に数字に表れている。1試合ごと、1打席ごとの結果、対戦成績、得点圏打率や、ボールカウントなど状況別の結果までが克明に数字で語られる。どんなに過去の実績があろうと、人気があろうと、今の実力は数字によって丸裸になってしまう。

青木さんは数字に愛された選手でもある。入団2年目での200安打到達。そこから6年連続で叩き出した3割超えの打率。首位打者や最多安打、盗塁王、最高出塁率など、とんでもない数字を残すことで数々のタイトルや表彰を手にしてきた。アメリカでは7球団に所属し、最高峰の舞台で数々の数字を刻んでいる。

2024年4月6日、阪神戦で放った二塁打で日米通算安打は2706となり、松井稼頭央さん（埼玉西武ライオンズ監督）の現役時代を抜いて歴代単独5位に浮上した。イチローさん、張本勲さん、野村克也さん、王貞治さんという錚々《そうそう》たる顔ぶれに続く5位。これだけでも、その偉業の素晴らしさが伝わってくる。

「数字」をめぐっては野球界でもまた、新しいスケールの出現による価値観の変化が起きていると聞く。確かに「OPS」、「WHIP」、「BABIP」などは、ここ10年の間に急速に普及した指標だ。バットのスイングスピードやボールの回転数といったような肉眼では測れないような数値も一般化してきた。

実際にグラウンドで戦っている選手にとって、数字はどのようなものなのか。数字を追いかけているのか、数字にとらわれているのか。自分自身に関する数字がリアルに出てくるということは、単純に楽しいのか、あるいは辛いことなのか。青木さんが数字とどのように向き合ってきたのか、聞いてみたかった。

プロに入ってから最初に意識した数字は「3割」です。僕はアベレージヒッターなので、やはり結果を残すという意味で3割打つことは目標にしていましたし、今でも3割台に乗ってほしいという思いはどこかであります。

若い頃から振り返っていくと、一軍の試合に出るようになって、ただヒットを重ねるというところから同時に出塁率を上げることを意識するようになった。さらに長打を打てるようになってからは、ホームランの数字にも目が行くようになって、数字で言えば20発くらいを目指していました。短打しか打てなかった自分から、そうやってだんだんと大きくしていって、何でもできるような選手になる、というのが一つの目標でもありました。

ヒットも打てる、フォアボールも取れる、二塁打も打てる、ホームランも打てる、という選手。安打数に関しては、200に届きそうなら200安打を狙う。ただ、そこにだけ照準を合わせるとボール球にも手を出して出塁率が下がってしまうのが嫌だったので、その兼ね合いは考えていましたね。数字にがんじがらめになることはなかったですが、自分の現状を知るという意味でも数字を見るのは好きだし、意識するようにしていました。

節目の数字という意味では、200安打ですかね。ヒットを重ねていくにつれてメディアに煽られて意識してしまうようなところもあるんですが、最初の時（2005年）は、セ・リーグでは初めての大台ということもありましたし、第一章「チャンス」でもお話ししたように「行ききる」という意味でも絶対にそこを超えていくんだ、と狙いを定めていました。

2回目の2010年もやはりこだわっていました。複数回の200安打は史上初ということで、誰もやったことがないならやってみたい、と思っていました。この年はスワローズも早々に優勝争いから脱落していたので、シーズン終盤にモチベーションを保つのはなかなか難しい。となると余計に個人的なところを目指して集中していたような面もあります。

ファンの方も、それを一つの楽しみとして見ているでしょうしね。安打数のような数字は、増減がある打率や、相手との兼ね合いがある勝敗と違って自分自身の毎日の積み重ねです。だから最終的に一つ大きな数字に到達できたというのは本当に嬉しかったです。

ただ「3割」については、今となっては正直、こだわる必要がない時代になっていますよね。野球のデータ解析がどんどん進んで、ここ10年で急速に色々な数字が出てきました。バッターに関してはOPS（出塁率＋長打率で表される数値で、チームの得点への貢献度を表す）や、WAR（セイバーメトリクスで打撃、走塁、守備、投球などを総合的に評価する数値で、同じポジションの代替可能な選手と比較してどれだけ勝利に貢献したかを表す）などが重要視されるようになっています。

「数値」という意味では、打球速度や打球角度などの指標もある。特にMLBでは、長打を求める上でそういった数値が結果に通じると言われています。

ピッチャーで言えば、昔からある球速のみならず、球の回転数の数値やホップ率という数値もある。どれくらい数値が出ているか、ということが契約内容に関わってくる現実もあったりして、野球界の中で数字の価値は急速に変わっているように思います。

「3割」に関して言えば、100打席立って30本ヒットを打てるのと29本なのと、1本しか違わないのに評価が変わるというのもおかしな話ですよね。500打席でもその差はたった5本ですから、実際には大して変わらないでしょう（笑）。

でも、「3割」って凄く聞こえがいいんですよね。ピッチャーの「10勝」も同じかもしれない。先発、中継ぎ、抑えと分業制の時代で、100球で7回までいけばもう御の字。その後に出てくるピッチャーが打たれたら勝ちはつかないわけですから。勝利数は時の運でもあります。

二桁に到達するに越したことはないけれど、実はあまり大差がない。ただ、日本ではキリのいい数字は見栄えがいいということなのか、プロ野球でもまだ「3割」や

数字

「10勝」にこだわるようなところは残っています。

実際に年俸に「3割」が影響することって、未だにあるんですよ。球団側の査定だけでなく、選手の方から「3割打ったんだから」と交渉材料にすることもある。だから今でもシーズン終盤でチームの順位が確定していたりすると、その時点で3割に到達している選手が数字をキープするために試合に出なくなる、ということもあるわけです。

メジャーリーグでは、僕がいた当時でも「3割」に付加価値は全くありませんでした。打率2割8分ならもうバッチリで、さらに長打があるとか、OPSが高いという選手が評価されていました。結局、選手は求められるものに到達しようとするので、数字の価値が変わっていけば今後は「3割」とか「10勝」を目標に掲げる選手はいなくなるかもしれません。

実際に今の若い子たちを見ていると、すでに自分の目指す基準を別のところに置いている選手は多いと思います。将来メジャーに挑戦したい選手にとって、MLB球団のスカウトからの評価という意味でもOPSやWARなどの数字は意識していますよね。

常に自分の打球速度やスイングスピードをチェックしている選手もいるし、ピッチャーは特に、何千回転しているとか、ボールの軸がどうなっているとかよく調べている。実際にラプソード（データを測定・分析できるポータブルトラッキングシステム）を自分で購入して、キャンプに持ち込んでいる選手も珍しくないですから。
実際にそういう細かい部分の数値が出たり、映像で可視化できたりするというのは、分かりやすいと思います。投げたボールがこういう回転をしていてこういう軸で曲がっている。バッターにはどう見えて、どういう効果が期待できるのか明確に分かります。となれば、「ボールにキレがない」とか「バッターにとって打ちやすいボール」だとか、今まで漠然と言われてきたことでも、数値という道標が示されることで改善のポイントが摑みやすくなるわけです。

昨シーズン（２０２３年）、パ・リーグで3割バッターが2人しか出なかったことが話題になりましたが、特にここ数年はピッチャーの進化が凄まじいと感じています。数値や動作解析などテクノロジーはもちろん、トレーニングの進化もあって、全体的に10年前に比べたら投手の平均球速が４－５km上がっているような印象を受けます。

バッターは進化したピッチャーに対して受けて立つわけですから、それに伴って今度は相手ピッチャーを分析して攻略していくデータも進化していくわけです。打球速度やスイングスピードを上げるためにトレーニングも変わってくる。

最近はルーキーでも「振れる」選手が多いんですよ。阪神の森下翔太とか、めちゃくちゃ振れていますよね。1年目だった去年も、試合を経験する中でだんだん角度がつき始めて、大きい当たりも出始めた。データを見るとやっぱり打球速度が速いんですよ。

数字

追いかけっこじゃないですけど、そうやって野球全体が凄いスピードでどんどん変わっていく。僕自身、新しいことを取り入れていくのに抵抗は感じないタイプなので、進化していくデータ分析も参考にしながら少しでも上手くなる道を探っています。

数字のスケールが変わったことで、その世界の価値観そのものまで変化していくというのは、自分でも今まさに体感しているところだ。アーティストたちはもうほとんど「オリコンランキング」を気にしていないし、もっと細かい数字を追いかけなければいけなくなっている。YouTubeの再生回数やX（旧Twitter）やInstagramに付く「いいね」の数、データ配信やサブスクで聴かれた回数……。ありとあらゆる数値が手元で瞬時に見られる、そんな時代だ。

デバイスもコンテンツもSNSの嗜好も目まぐるしく変わり続けているがゆえに、指標に揺らぎが生じることもある。かつてはアイドルの握手会参加券の影響で、一人が何十枚も何百枚もCDを買うことにより、一般にあまり知られていないような曲がランキングの上位を占めたこともあった。今はそのようなポイントは排除されているけれど、本当に何が大衆に受けているのか、というのは見えにくくなっているのかもしれない。

さらに、TikTokが出てきたことによって、昔の曲が急にブレイクするという現象まで起きている。以前はひたすら新しいものを売り出し続けて、ダメならまた新曲を、というサイクルだったけれど、今は置いておけば置いておくだけ当たる可能性も広がる。どこにハマるか分からないから、とにかく数多くリリースしておくということが戦略の一つになっていたりもする。

聴かれ方にも変化があって、以前は「誰のどんな曲」というところで選ばれていたものが、今はこのアーティストが好きだから追いかけるという感じではない。今これが面白いから聴く、しかも一部分だけ切り取って……というような、理由が読み解きづらいブレークの仕方も増えている。

アメリカやヨーロッパをはじめ、海外ではアニメの影響力が大きくて、アニメタイアップをきっかけにいつどこで大ブレークするか分からない。その規模は国内だけでは考えられないほどだ。さらに、国境を超えた契約の整備が不完全なために、海外で大ヒットしているのにあまりお金は入ってこない、というような話もあって、未だに混沌としているような状況だ。

野球も海を渡ることで可能性が大きく広がる世界だ。特に年俸という面では、ここ数年では日本とは比べ物にならないような数字が動いている。例えば大谷翔平選手の契約は10年総額7億ドル（約1040億円）、山本由伸投手は12年総額3億2500万ドル（463億円）なんて言われているから、まさに桁違いだ。

それと同時に、アメリカは数字に対してシビアという印象もある。数字でキッパリと現実を突きつけられ、数字でその価値を判断される、というような。30歳の時

数字

に海を渡った青木さんは、日本とアメリカの数字の感覚の違いをどのように捉えたのか。

アメリカ人って数字が大好きですよね。人種や文化など多様性のある社会なので、客観的な指標である数字というものは、とても分かりやすい共通言語なのだと思います。僕もMLB時代は、色々な場面で数字をはっきりと示しながら話し合うという状況がありました。

例えばアメリカで最後の年になった2017年、ヒューストン・アストロズでのことです。前年はシアトル・マリナーズでなかなか苦しいシーズンを送っていたのですが、最後の1カ月だけ打ちまくったんですよ。その時のOPSの数値は1000を超えていた。アストロズと契約をした後、キャンプ中にバッティングコーチと個別のミーティングをした時にはっきり言われたんです。

「シアトルでの最後の1カ月の形をそのまま見せてくれ。この数字に出ているから。打球角度、打球速度もこれでいい。このスイングをそのまんまやってくれればいいから」って。

その時「ああ、良かったなあ」とつくづく思いましたよ。マリナーズ時代は本当に苦しかったけれど、シーズン終盤になった時に「ここでダメだったら来年もないぞ」と自分に気合いを入れたんですね。マイナーリーグで打って、メジャー昇格のチャンスを摑んだ。左ピッチャーの時はなかなか使われなかったんですけど、偶然にも対戦相手の先発に右ピッチャーが続いた。それでずっとスタメンで使ってもらえたんです。

もうここでやるしかないぞ、と。それで本当に集中力を高めて打ちまくった。消化試合だろうと何だろうと関係なしです。でもその時、たった1カ月だけど頑張って数字を上げたことが翌年に繫がった。それを見て「青木は復活した」と思って獲ってくれたわけですからね。あの時に諦めなかったから6年目があったんだな、と思えるし、数字を出すことって大切なんだなと改めて感じた出来事でした。

選手と監督、コーチとの会話でも、数字は頻繁に出てきます。このままでいいとか、もう少しこうしてほしい、という会話の中でも必ず数字を見せて、「この数字が上がっていないよね」とか「この数字を上げるためにはどうしたらいいかな」という話になる。ピッチャーも「試合の後半で回転数が落ちているからもう少しスタミナをつけた方がいいんじゃないか」、「じゃあスタミナをつけるのにどうしたらいいか、トレーニングコーチとちょっと話してみて」という感じです。

それが一番明解で、相手を説得するのに一番楽だということなんでしょうね。感覚的に話すより、数字で話した方が分かりやすい。何でもかんでも数字なのはどうかと思う時もあるけれど、数字は嘘をつかない分、会話をする上で感情的にならなくてすむ。公平で効率的だ、という考え方なんだと思います。

今、スワローズにはアナリストが3人いますけど、メジャーはアナリストだらけでした。まさに映画「マネーボール」の世界で、ハーバードを卒業しました、スタンフォード出身です、みたいな感じで、野球をプレーしたことのないような人もチーム内にたくさんいる。だから凄く面白いんですよ。

「マネーボール」の原作が出版されたのは2003年で、「打率が多少低くても、出塁率が高い選手を獲る」という場面があったと思いますが、20年以上経った今ではもっと細かい数値で分析していると思います。

今の流行りで言えばバッターは「打球速度」や「打球角度」が重要視されていて、そうなると打球速度を上げるためのトレーニング方法とか、打球角度をつけるためのマシンもたくさん出ているんですよ。

メジャーリーグのチームが使っているとなれば商売に繋がるので、球団にもたくさん売り込みに来る。だからチームにはその種の器具がたくさん置いてあります。打球角度をつけるために、斜めに置いた板の間からボールを打つ練習のための道具とか、本当にありとあらゆるものが揃っていて面白いですよ。

求められる「数値」があって、じゃあそこに届くにはどうしたらいいか、ということで色々なものが広がっていく。もちろんドラフト戦略にも関わってくるわけですから、アマチュアの選手たちもそういう最新のトレーニングで力をつけてくるわけです。

僕の大学時代みたいに「自分の正面にネットを置いて左側に打つ」なんてそんな感じじゃない（笑）。そのあたりは本当に時代の変化を感じますね。

ただ、それはもちろんいいことばかりじゃなくて、懸念材料もあると思います。例えば今のアメリカは「ランナー一塁で、ホームランを打って2点」みたいな野球になっていますよね。点の取り方としては結局、ランナーが出たらドカーンと2、3点というような形。1点を取りにいくという野球は時代遅れだという印象です。となればバッターとしては全体的に「ホームランを打ちたい」となってくる。打球角度を上げることを目指せば、ゴロを打ちにいこうとする選手は減ってきます。これからは「ゴロの打ち方」を知らない選手も出てくるのかなと思ったりします。

あるいは、数値や数字が目の前にあってそれを上げるための機器やトレーニング方法が山ほどあれば、自分で練習方法を考えたり試行錯誤したりすることが苦手になってしまう。考える力がなくなってくると、また違った弊害が出てくるんじゃないかなと思うんです。

去年、ダルビッシュ有投手がテレビのインタビューの中で「昔は分からないところから問題を解いていくものだったのが、今は問題集のように解き方が横に書いてある。野球がつまらなくなってしまうんじゃないか」というような話をしていたけれど、そういった思いは僕も凄く理解できますね。

余談ですけれど、ダルビッシュは本当に面白いですよ。メジャー時代から家族ぐるみで付き合いがあって色々な話をしたんですが、野球に対する考え方とか人間的な面でも凄く気が合います。オタク気質で、栄養学や野球の知識、データとか何から何まで知っている。かといって、堅物かといえば凄く柔軟な考え方を持っていて情が深いところもある。話せば話すほど本当に面白い人間です。

話は逸れましたが、アメリカ発の大きなうねりは今、日本のプロ野球にも変化を生み出していて、数字や数値の見方というのはさらに変わっていくのではないかと思っています。そもそも、ファンの野球の見方も変わるんじゃないかな。今後はさらに「打球速度が」とか、「今のは3000回転あるスライダーだから」とか、見る方もそんな視点になるのかもしれない。解説者もライブで数値を読み解ける分析力が必要になってくるでしょう。

監督やコーチの仕事も変わっていきますよね。データで選手を集めて、統計学的に当てはめて起用をしていって……。そうなれば采配も何もないですよね。ただ逆に、数字の罠に引っかかるパターンもあるかもしれない。一周回って20年後、30年後に、昔ながらのトリックプレーとかサインプレーに引っかかっちゃう選手が続出するなんてこともあるのかもしれませんね。

最近野球中継を見ていると、かつてはなかったようなデータが画面に表示されていることに気づく。その選手がいかに凄いか、ということを示す数値に興味を惹かれる部分もあるが、一方でその画面表示が少し煩《うるさ》いと感じる部分もある。自分はただひたすらヤクルトスワローズというチームが大好きで、基本的には野球を見るイコール、スワローズを応援しているということになる。「この選手がこんなに凄い」とか「こんな数値を出せる」ということを理由に、ヤクルト以外のチームの試合を見るという感覚がないのだ。

一方、自分の仕事については、事細かな数字をいつも気にしている。自分自身の色々なことが数値化され、それが日々変わっていくなんて凄いことだと、かえって楽しんでいる。

数字は常に上がったり下がったりするけれど、ミュージシャン自身には分からないところでふわっと変動していくこともある。急に売り上げやライブの動員が落ちた、同じような曲を出しているのになぜかこの曲だけ聴かれていない、MVの再生数が少ないなど……。時にはいくら考えても理由が分からないこともある。

一般社会の中でもこういう「ふわっとした」部分は大きくて、数字の絶対評価だけで物事が決まるわけではない。あの人、頑張っているな、とか、あの人は好きだから、といった理由で社内で出世することだってあるだろう。

野球選手はそのあたりもシビアだ。評価は数字に直結するし、また自分の失敗が相手の成功になる、という裏表の部分も持っていたりする。何で上がったのか、何で下がったのかがハッキリ分かるから明確でありがたい部分もあるけれど、一方でそれが大きなプレッシャーにもなるだろう。

青木さんは数字で評価されることに戸惑う部分もあったりするのだろうか。ある

数字

いは自分ではなく人の数字について、気になったり比べたりしてしまうこともあるのだろうか。

僕は数字は絶対に追い求めるべきだと思います。可能なら全ての数字を上げた方がいいわけだし、さっき出た「3割」の話だって、「2割9分」よりは「3割」の方がいいし、「3割」より「3割1分」の方がさらにいい。

もちろん、数字にこだわらないという選手がいるのも分かります。自分の中で何か別のところに指標があって、それ以外のところに目を向けないようにする、という考え方もあるでしょう。それは理解した上で、でもやはりプロとしては、目に見える数字を上げていくことが、自分をより引き上げていく、というのは単純に分かりやすいし、数字には逃げずに向き合うべきだという思いがあります。

成績以外では、「金額」という評価もありますよね。プロ野球では毎年オフに契約更改があって、報道では「推定」という形ではあるけれど、それぞれの選手の年俸がはっきりと分かる。これは「安打数」とか「打率」とか絶対的な評価だけではなく、球団から見てどれだけこの選手が必要か、という評価でもあります。

最近は事前に下交渉をしていて、契約更改として表に出てくる日はサインをするだけ、という形になっていますが、以前は「保留」とか「越年」なんていうこともよくありました。もちろん、今でも実際には下交渉を3回、4回、5回と重ねるケースもあるので、実際には1発でサインしているわけではないんですけどね。

僕のことで言えば、プロに入って最初の年俸は1000万円スタートでした。1年目は二軍でしたが打率・372打ったんです。その年のオフ、初めての契約更改では「現状維持」と言われて……思わず「ちょっとだけでもダメですか?」って(笑)。

でも「ファームでいくら結果出したってダメなんだよ。お前は即戦力として期待しているわけだから」と。納得ですよね。確かにそれもそうだ、プロは一軍で結果を出してこそナンボだ、と。

ただそこで「じゃあ来年、一軍で活躍したらその時は上げてくださいよ」、「おう、分かった」って、そんな会話をしていたんです。それで次の年、一軍で202安打ですよ。よし、1回目の交渉では絶対にハンコなんて押さないぞ、と意気込んで契約更改に臨みました。予定通りに保留したら、編成の方は「あれ、お前なんで押さないんだ?」って驚いていました。

本当におこがましいんですけど、僕はその時にイチローさんを引き合いに出したんです。「いや、だって僕、イチローさん以来の200安打なんですよ!」って(笑)。もちろん、イチローさんなんて歴史上の人物みたいな方なので、決して肩を並べたなんて思っていたわけではないです。ハッタリです。言うだけ言ってみよう、と。

(1994年)当時、イチローさんは確か800万円から8000万円になったんです。僕は元の年俸が1000万じゃないですか。「だったら1億もらってもおかしくないですよ。だって僕、イチローさんですよ」って。それが殺し文句(笑)。

そうしたら、当時の常務が「何を言ってんだよ！　イチローはもの凄い選手なんだぞ。引き合いに出すんじゃない」って。いやもちろん、それはそうなんですけどね。でも、「そんなの関係ないです。僕が言っているのは成績を残した、っていうことですよ」と言い返したんです。

さらに「去年言いましたよね、一軍で活躍したら上げてくれる」って(笑)。もう粘りに粘りました。常務は「ちょっと考えておく」と一旦は保留になったんですが、最終的にはそこから少し上がりましたから粘った甲斐はあった。

2回目の提示は7000万円ぐらい。そこでハンコを押しました。当時の契約更改はそんな感じでしたね。お金のことですからピリピリもしているんですけれど、基本的にやはり結果を出している選手についてはある程度上げてあげないと、という空気はあるんですよ。

ただ、結果を残していない選手には結構シビアです。そこは断固として上げない、というところがある。最近は契約更改について後輩から相談を受けることもあるんですよ。僕は「言いたいことがあるなら、しっかり主張した方がいいよ」って伝えています。誠実に考えを伝えれば、分かってもらえることもありますからね。

「僕、結婚したんですよ。子供が生まれるんですよ」なんて殺し文句を出したり。よく言うじゃないですか、「おむつ代ください」って。面白いですよね。そんなにおむつは使わねえだろ、ってね（笑）。

　金額が高いほど嬉しいというのは素直なところとして、それ以上に自分がどう評価されているか、どれだけ必要とされているか、ということですから。契約更改で金額にこだわるのは当然だし、プロとして大切なことだと思っています。

　ＦＡ制度なんかも同じことで、球団からの評価を聞きたいというのは至極真っ当なこと。日本的な考えだとお金にこだわらないのが美徳みたいなところもありますけど、普段選手として数字で評価されている分、数字で返してもらう、というのは単純明快なことだと思います。

　アメリカでは代理人に契約は任せていましたが、やはり僕も興味はあったのでどういう交渉をするのか聞いてみたことがあります。やはり基本的には数字が指標になっていて、それを元に交渉していく、と言っていました。

　あと、バッターについては打球速度が契約の場面でもめちゃくちゃ大事だと聞きました。マイナーの選手で、ホームランの数はあまり打てていなくても、打球速度の数値が良ければ評価は高い。そういう選手を安く取って打球角度をつけさせれば、大化けする可能性がありますから。面白いですよね。

　アメリカは評価に関して凄くシビアですし、結果を残せなければ問答無用で切られる。でも結果を残せば報われるということも明確なんですよ。そこは凄く分かりやすい。頑張って結果を残した選手に対する賞賛も半端じゃないんです。それを受けた時に、凄く報われた気持ちになりました。

初めにテスト入団という立場でブルワーズに入った時もそうです。地元メディアなんかは「青木は凄く安上がりだ、ブルワーズはめちゃくちゃいい選手を獲った」っていう言い方をするんですよ。それも評価として嬉しかったのを覚えています。

例えば今の球団で使われる場面が少なかったとしても、頑張っていればトレード要員になって、他の球団でチャンスをもらえる可能性もある。向こうはそういうシステムも本当に上手くできていて、腐らずやっていれば誰かが見ている、という感覚があるんです。

自分の今いる場所や首脳陣からの評価、ライバルの選手との比較、というところにとらわれず、自分のありのままの実力を誰かが評価してくれているという感触があるから気持ちが前向きになる。シンプルに自分が価値のある選手になればいい、という思考でいられるので、ある意味やりやすかったです。

ライバルというところで言うと、タイトル争いをしていたとしても、他の選手の数字は気にしないようにしていました。対戦するピッチャーに関しても、防御率や勝率、勝利数などは全く気にしない。それらは直接自分とは関係ないですからね。今なら回転数とかそのピッチャーの特徴を表す数値はしっかり見ますけどね。

基本的な考え方で言えば、自分のコントロールできないことに関しては、一切気にしないことが大切だと思っています。それって本当に意味がないですから。例えば何としてもレギュラーを獲りたいという場面でライバルがいるとして、相手が活躍するかどうかはもう、自分にはコントロールできないところでしょう。成績が下がったらチャンスが来る、というところはあっても、そこに一喜一憂していると、ただキツくなるだけですよね。

ライバルがめちゃくちゃ打っていたら、「俺はもうこれで終わっちゃうのか」って思う人もいるかもしれないけど、それは本当にいらない考えです。だってそこの部分って気にしても気にしてなくても同じですから。

だったら自分にチャンスが来た時に結果を出せるように集中する。これは自分でコントロールできる部分だから。野球でもそれ以外でも、意外と自分でコントロールできない数字に悩まされている人って多い気がするんです。そこを気にしていると結局、人の失敗を願うことになったりして自己嫌悪に陥るし、無意味な苦しみだよな、って思います。

実際に今、僕もチームの中でスタメンじゃない試合も増えてきている。若い選手たちが出始めてきたり、新加入の選手もいます。でもそこで自分がコントロールできるのは、自分自身のパフォーマンスを上げていくことだけですよね。自分でなんとかできる数字と、何ともならない数字がある。これは絶対の真実だと思っています。

実は僕も最初にプロ野球にいた時は、自分の世界に入って思い悩むタイプではあったと思う。でもアメリカに行って思考が変わった。凄くシンプルに考えられるようになって、一歩引いて色々なところにアンテナを張れるようになりました。

自分でコントロールできないことは気にしない。そんな風に考え方を切り替えるだけで、目指すところが明確になるし、仕事も楽しくなるんじゃないかなと思っています。

第五章

失敗

野球は失敗するスポーツだと言われる。バッターなら、10回のうち7回失敗しても3割打者。それが一流選手と言われるのだから、日々「いかに失敗と向き合うか」が鍵なのかもしれない。ピッチャーにしても、1年間通して全てのバッターを完璧に抑えられるわけではない。だからこそ、「失敗と向き合い、次の1球に繋げる」ということが重要なのだろう。

音楽でも、曲を作っている段階は、ある意味で「失敗」を重ねていく作業だと思う。スタジオに入って、メンバーと演奏のアレンジを固めていく時も、これはイメージと違う、リズムが合っていないなどと、否定しながら少しずつ形にしていく感覚がある。

「これじゃない」を何度も繰り返し、ああでもないこうでもないと試行錯誤を重ねていく。それは一見ネガティブなようで、実は無限の可能性を秘めている作業だと感じる。だから曲が出来上がる時というのは、自分の中では完成したという達成感より、諦める感覚に近い。

最高のものを目指していけばキリがないし、やろうと思えばいくらでも突き詰めていける。だから「もうこれだろう、この辺だろう」と、最後は自分たちを客観視しながら決断を下すのだ。音楽には正解がないから、どこかで区切りをつけなければ、いつまでも作品は完成しない。

　ではライブにおける「大失敗」は何か。これはなかなか難しい。そもそも生で演奏する時にミスは付き物だし、それもライブの醍醐味と言える。ステージからお客さんの顔を見ていると、彼らが求めているのは「完成したもの＝成功」ではないということが分かる。それこそ、音を間違えてしまった時なんかは、逆にお客さんが喜んでくれる場合もある。〝レア〟だとありがたがってくれることすらある。

　野球選手の場合、そういったことは果たしてあるのか。好きな選手を生で見られただけで嬉しいという気持ちはあっても、4回も三振する姿を見て嬉しいわけがない。三振する姿「も」好き、という人はいても、三振する姿「が」好きという人はいないはずだ。大好きなチームでも、大好きな選手でも、あまりに不甲斐ない姿を見るとつい腹が立ってしまう。

　一方で、相手の失敗を喜ぶのも、チームを応援する時の独特の感情かもしれない。相手チームのバッターが三振した時というのは、すなわち味方のピッチャーが三振を奪った時だ。ホームランを打った打者がいる時には、打たれた投手がいる。成功と失敗は、そうやって裏表になっている。

　相手がエラーした時、思わず拳を上げて喜んでしまうこともある。それは、まず大前提として「プロが失敗するわけない」と思って見ているからこそ、思わぬ失敗に盛り上がったり怒ったりするのだ。

少年野球でエラーを見ても絶対に盛り上がれないし、高校野球ですら相手の失敗をあからさまに喜ぶのは躊躇してしまう部分がある。失敗に対して指をさされてこそプロ。それが凡人とは違うステージにいる者への称号であり、尊敬の裏返しでもある。

そして試合には必ず「終わり」があって、個人の失敗や成功とは別にチームの一員として勝者と敗者（引き分けもあるが）に分かれる。

試合は日々続いていき、さらにシーズンという長い戦いの中での勝者と敗者も生まれる。失敗や敗北を積み重ね、それに向き合い、挑み続ける時間こそが、プロ野球の戦い方だ。避けては通れない「失敗」とは、青木さんにとってどんなものなのか。そしてその「失敗」にどうやって立ち向かってきたのだろうか。


失敗という部分に対する考えとしては、投手と野手ってやはり大きく違うと思うんです。野手はスタメンで出場した場合、1試合に4打席くらいあるので、失敗は切り替えやすいと思います。1打席、1打席と切っていけばいいですからね。基本的には「チャンスが何回もある」という考えでいられるのは大きいと思う。

一方で、ピッチャーは1試合の中ではっきりとした区切りがないわけです。ある意味どの瞬間もプレーに絡んでいる。先発ピッチャーだとイニングごとに頭を整理した

失敗

り気持ちを切り替えているんでしょうけど、セ・リーグでは先発ピッチャーも打席に立つこともあるから本当に大変ですよね。

プロ野球では先発登板まで1週間くらい空くのでそこで次の登板へとリセットするわけですが、僕の感覚では失敗してから1週間、それを取り返せないのは気持ちの置きどころがない状態になると思います。そう感じるので、やはり僕はピッチャーには向いていなかったんだなと思います（笑）。

自分自身、野球人生を振り返ってみて記憶に残る一番の大失敗というと、まさにピッチャーだった高校時代に遡るんです。高校3年生の夏、鵬翔高校とベスト4進出をかけた宮崎県大会準々決勝でした。初戦から2試合を一人で投げ抜いてきて、迎えた大一番。当時、勝てるんじゃないかという相手だったんですけど、僕がフォアボールを連発。完全な独り相撲でした。ホームランを打たれて、連打も浴びてKO。2―7で敗退して最後の夏が終わりました。

もう明らかに自分の不甲斐なさで負けたような試合。当時はもう、何の知識もないままピッチャーをやっていたので、投げ方も我流でしたし、何となくスライダーだのカーブだの投げていましたけど、はっきり言って技術も自信もなかった。普通の県立高校だったので練習時間も短かったですし、自分は意識も低かったと思います。ピッチャーとしても少し注目はされていましたけど、決して全国レベルの投手ではなかったし、自分としてはとにかく投げるのに精一杯。最後の試合は、プレッシャーも感じていました。

チームは甲子園を目標にしていたし、それで夏が終わってしまうので責任を感じました。自分の不甲斐なさに泣きましたよ。ただ、悔しくて涙を流しながらも、醒めた思いもあったんです。「全然やってねえもんな、こうなるよ」って。野球に向き合ってこなかったことを突きつけられて、自分自身に対して腹立たしさが湧いてきました。そこで火がつきました。こんな自分は嫌だと感じて、自分自身を変えたい、と強く思ったんです。

第一章「チャンス」でも話したように、その前から推薦で早稲田に入ることも目指していたので、とにかく入学したら絶対に野球を突き詰めるんだ、という思いも強くなりました。人生を遡って考えると、この時の「失敗」は自分自身の大きな分岐点にもなったと思います。あの時にもしピッチャーとして抑えていたら、その後どうなっていたか想像もつかないですが、打たれたことで現実がはっきりと見えて、スイッチが入ったことは間違いないです。

大学に入学した時には、はっきり「4年後にプロに行きたい」ということは思っていました。そこからの4年間は、自分の野球人としての生きる道を必死に探していたし、野球とは何かを教わった時間でした。当時の自分はクリーンアップを打つようなバッターではなかったですし、どちらかと言えば繋ぎの役割をする立場でした。バント、バスターエンドラン、セーフティーバント、盗塁、進塁打、そういったことをひたすらやらされていました。

いわゆる「自己犠牲」の精神ですよね。チームのために、小技を使ったり、繋ぐ役割を担う。当時の僕は、自分の価値を高めるには「自己犠牲」を意識してプレーするしかなかった。守備範囲の広さや盗塁、内野安打もそうだし、足の速さを活かせることはほぼ100%、確実にできていた。そこは自分の大きな武器だと思っていました。

とはいえ、もちろん葛藤はありました。プロを目指す上で、ヒットや長打という分かりやすい形で数字を残したいという思いもありました。でも野村監督は頑なに「小技」、「繋ぎ」、「逆方向」……。何で自由に打たせてくれないんだという思いを抱いたこともあるし、反発したこともありました。3年生の春の六大学リーグでは、納得できるような成績が残らなかった。そうして迎えた夏の練習試合で事件が起きたんです。

僕が一塁ランナーで、2番バッターのキャプテンが送りバントを決めたのに、僕がスライディングをしなかったんです。相手のファーストが意表をついて二塁に投げてきて、僕がタッチアウトになってしまった。そのプレーを見て、監督が激昂しました。「お前はもう野球を辞めろ!」って。それまでも毎日のように怒られまくっていたので、そういうことが積もり積もって、最後にそのプレーが引き金になったんでしょう。そこから謹慎です。グラウンドには出入り禁止。

ここで辞めるわけにはいかないと思っていたけれど、正直途方に暮れていました。

次の日はちょうど休みで、同級生みんなで海に行ったんです。一緒に野球をやってきた仲間と話して、とにかくひたすら監督に謝って野球を続けようと、気を取り直しました。

「もう一回やらせてください」。そうやって何度謝っても監督は「ダメだ」の一点張り。それでも諦めず毎日謝りに言って、ようやく許しが出た。それでも最初は練習をさせてもらえず、グラウンドの草むしりからスタートでした。暑い中、1週間くらい草むしりしました。やっと練習に参加させてもらえるようになって、そこからは気持ちを完全に切り替えました。

こうなったら監督の言うことだけを聞いて、監督の教えだけを忠実に守ってやってみよう。本当に逆方向ばかり徹底的に狙って打ってやるって。そうしたら、秋のリーグ戦で首位打者が取れた。後にヤクルトのスカウトの方に聞いたら、その秋のリーグ戦を見て獲得を決めたと言っていました。それまでも足の速さとかはスカウトの目にも留まっていたと思うんですけど、やっぱり荒削りな部分があった。そこで一皮剝けたというか、研ぎ澄まされたようなところがあったんでしょうね。

大学時代は本当に戦いの毎日でした。自分の理想と、自分の生きる道との間で葛藤があったし反発心もあった。でも、人の意見を受け入れないのではなく、まず聞いて実行して、そこで気づけることや得られるものは必ずあると分かった。それからは必ず、人の意見に耳を傾けるようにしています。

そして振り返れば、大学3年生の夏、あの「失敗」もやっぱり、一つのスイッチになったと思っています。ボーンヘッドを犯したのはいいことではなかったけれど、そこで激怒されたことで自分の中のプライドのようなものが完全降伏して、監督に言われた通り必死にやってみるという境地に至った。もう腹を括ってやるしかない、と。振り返ってみればあれもプロ入りの道へと繋がっているわけです。

あの日から、試合になれば絶対に相手に隙を見せてはいけない、ということを意識しています。プロ入り後は、ヤクルトでもアメリカ時代も、自分のできることをやっていく、という気持ちでプレーしています。もし高卒でプロ入りしていたら、そうはなっていなかったかも。失敗をするタイミングという面でも自分は恵まれていたなと思っています。

人生に失敗が付き物と考えると、「いつ失敗するか」というのが、実は重要なのかもしれない。タイミングによっては取り返しがつかないこともあるけれど、逆に一つの失敗が何かの転機になったり、その屈辱が次のステップに行くための糧になったりすることだってある。そういった意味で青木さんは、野球人生の節目でタイミングのいい「失敗」を経験してきたのかもしれない。というより、その「失敗」を常に、次へと進むポジティブな燃料に変えてきたのではないか。

いつも順調に物事が進めばいいのだろうけど、準備段階で小さな失敗をしておくことも、時に必要なのかもしれない。

とはいえ、自分の仕事は「失敗」がネタになるのも面白いところだ。大きなハプニングがあったり、大失敗したとしても、どこかで「後で使えるな」と思える自分がいる。

「プロに入ってから大失敗はない」と言いきれる青木さんはやはり凄い。確かに、青木さんがいわゆるボーンヘッドと言われる〝大ポカ〟をしたシーンというのは思い出せない。いざグラウンドに立てば絶対に隙を作らない、相手に隙を見せないというのは、青木さんがここまで走り続けていられる理由の一つなのだろう。

自分たちで考えて自由にのびのび野球に取り組んだ高校、野球の常識を徹底的に叩き込まれた大学。その2段階を踏んでプロに入ったことは僕にとって本当に幸せだったと思います。

自分の中に野球に対する自由な発想もあり、しっかりした基礎もある。さらにそれぞれの局面でちゃんと失敗もして、自分と向き合う時間を作ることができた。人生には苦しい時もたくさんあるけれど、上手く乗り切ってこられたのは自分の引き出しの中に幅広い考え方を持ち合わせていたからだと思っています。

プロに入ってくる選手たちの中には、意外と「理由」が分からないというタイプが多いんです。小さい頃から「打ち方はこう」、「捕り方はこう」、「投げ方はこう」って教わってきて、凝り固まっているんでしょうね。プロに入ってから壁にぶつかって悩むんだけれど、染み付いてしまったものを変えるのはなかなか難しい。新しいことにチャレンジできない選手が結構多いことを実感しています。

「自分の高校時代はああだった」とか、過去の自分の幻影にとらわれてしまう選手もいる。そもそもバットが違うし、野球のレベルも違うんだからアマチュアとプロは単純に〝地続き〟というわけじゃない。僕の場合は逆に高校まで何者でもなかったから、大学でもプロに入った後も、何でも挑戦できたようなところがあります。自分を変えるのに何の抵抗もないんですよ。

だから、特に高校ですでに完成しているような選手と比べると成長の度合いが大きかったように思います。新しい知識や発見に出会った時に迷いなく試すことができた。教えてもらったり自分で調べたりしたことを吸収していくことが、面白いとも感じていました。

もし自分が、高校に入った時から確固たる技術を身につけていて甲子園でも大活躍するような選手だったら、考え方も凝り固まっていたかもしれません。何か新しいものに出会っても「それまでの自分」と比較して、聞き入れたくないという壁を作っていたかもしれない。そう考えると成功体験がありすぎる、というのは仇になることもあるのだと思います。

プロ野球選手になるなら、プロ野球選手になってから人生のピークが来た方が幸せだと思うんですよ。もちろん、アマチュア時代に成績を残さない方がいい、という意味ではないですよ。成績残さないとプロには入れないですから。

ただ、上手くなるための成長の余地があった方が絶対にいい。そこが自分のＭＡＸだと思ってほしくないんです。人生のピークというのは自分では選択できないけれど、成長の余白をいつでも残しておくことは大事だと思います。

十代のうちに大成功を収めてしまうというのは凄いことだけれど、僕はそれって凄く辛いことでもあるんじゃないかなと思う。自分自身をコントロールすることが難しいうちから、周囲の注目を浴びてしまい、大人の世界に放り込まれるというのは本当に大変な経験だと思います。

一気に頂点を極めてしまったら、その後にたとえ小さなことでも失敗したくないと思ってしまうのは当然ですよね。若い頃の成功は、そういうリスクもあるのだと思っています。

若い頃は、「自分はまだ何者でもない」ということに焦る人もいるかもしれないけれど、逆に言えばそれは「何者にもなれる」可能性を秘めているということ。だから僕はどこかで、「遅咲きが絶対おいしい」って思っているんです。

若いうちから大きな花が咲いてしまったら何だかもったいなくないですか？　その美しさに惑わされ、賞賛されることに慣れて、もっと大きな花を咲かせるために変わることを恐れるようになる。それよりはずっと地中に潜ってしっかり栄養を溜め込んだ後に、たくましく芽を出してじっくり花を咲かせた方がいいですよね。だから、若い時は広い視野で柔軟に自分のことを捉えられるような感覚を持つことも大事だと思っています。

目の前の結果に対して失敗だ、成功だと一喜一憂するのではなく、自分にはまだ先があるんだと思って見れば成功に慢心せず、失敗にも意味を見出せるはず。若い頃は特に、「小さな成功体験」の積み重ねが凄く大事だと思っているんです。大きな変化でなくても「苦手なコースを上手く打てた」とか「いい内容の打席だった」という程度でもいい。小さなことを大切にしよう、というのは若い選手にもいつも言っています。

いきなり何かが上手くなることなんてないですからね。小さな成功の積み重ねが、大きな成長に繋がっていく。小さな成功を大切に。いい言葉ですよね。

自分自身も決して早くからチャンスを摑んだわけではなく、この世界では遅咲きのタイプだ。高校時代、軽音部が学園祭でライブをやって盛り上がっているのを見て、いつも羨ましく思っていた。

同じ音楽をやっているのに、自分たちの主戦場はライブハウス。場所代がかかるからバイト代を全部注ぎ込む。それでもライブをやるといつもガラガラで、チケットのノルマをこなせなくて毎回怒られていた。

でも、あの時に安易に〝学園祭の主役〟にならなくて本当に良かったと思う。

青木さんの話を聞いて、改めて間違っていなかったんだと確信した。成功体験をいつどこで重ねるかは、やはり重要なポイントだ。

ミュージシャンとしてどうにかやってる今、悩んでいることがある。それは「失敗」が「失敗」にならないということ。自分では明らかな「失敗」と分かっていても、良かったと言われることもある。アウトにならない苦しみだ。歳を重ねれば重ねるほど本当のことは言ってもらえなくなる。それでも本当の評価が知りたいから、もの凄く相手の顔色を探ってしまうようなこともある。その「良かった」は、どの程度の「良かった」なのか、と。

野球でも「凄くいい当たりだったけれど野手の正面を突いてアウト」とか、逆に「ボテボテなのに、たまたま間を抜けてヒット」というようなプレーがある。ここ数年、どこのチームも本格的に導入している守備シフトによって、普通ならヒットになる当たりが網に絡め取られてしまうことも多い。

果たしてそれは「成功」なのか「失敗」なのか。記録として残る「結果」と、自分の感覚や過程と照らし合わせての「評価」。青木さんはそれらにどのように折り合いをつけているのだろう。

これは僕の考えだけど、結果はやっぱり全てだと思う。一番大事なのは結果。でも、相手があることだから結果だけとも言えないのも事実だよね。例えば自分は当て感があるから、相手の守備隊形を見て、空いているところを狙って打ちに行くこともあります。バッティングの形は崩れているので、形としてはダメなんだけれど、自分が結果を残すための〝自分流〟なんだからそれでいいと思っている。

ちょっと詰まったとか、内野の頭を越えたポテンヒットなんかも、それは「たまたま」なんかじゃなく、ちゃんと根拠があるんですよ。完璧に捉えたけれど野手正面のライナーというのもやっぱり根拠がある。その理由は様々だけれど、打つポイントということは大きくて、ほんの少し前とか後ろとかいった微妙なズレだけれど、それでもヒットになっている時はほんの少しだけ押し込めているとか、引きつけられているとか、偶然ではない理由がある。

だから「アウトになったけどいい当たりだったからいいや」で終わらせてはダメで、プロである以上は失敗した理由を自分なりに理解することが大事だと思っています。

僕はあまり守備シフトを極端に敷かれるタイプじゃないけれど、あれもやはり相手の隊形を見てアプローチできることは色々あるわけですからね。失敗をどう捉えるかということで変わってくることは多いと思っています。

少し話は変わるけれど、同じ「4打数1安打」という結果でも、「1打席目でヒットを打って残り3打席を凡退する」というのと、「3打席凡退していたけれど最後の4打席目に1本ヒットが出る」というのは違う意味を持っていると思います。単純に次の試合に繋がるということもあるし、印象の面でも違ってくる。

特に若い選手には、「最終打席でも最後に1本打てる選手じゃないと生き残れない」といつも言っています。試合の大勢が決まって、1本ヒット打ったところで意味がないという場面だってそんなの関係ない。明日ファームに落とされるかもしれないんだから、自分がどうやって生き残っていけるかだけを考えればいい、って伝えています。この世界はそれだけだよ、って。

自分も若い頃は実際にそうだったしね。チームの勝ち負けなんて関係なしに、とにかく打つ、走る、守る。本当にそこしかないわけですから。二軍から上がってきて代打で出たら死に物狂いで打つ。フォアボールでも犠牲フライでも何でもいいから爪痕を残す。それはもう、自分の形がどうの、なんて関係ないです。生き抜いていかなきゃいけないんだから。若手のそういう姿が結果的にチームのプラスにもなっていきますからね。

ただ、例えば打たれたピッチャーがベンチに戻って来た後に不貞腐れて何もしないとか、そういうことはダメです。自分のことだけ考えていい、といってもそこは違う。野手も必死に守っているし、中継ぎのピッチャーも必死に投げている。まだ試合は終わってないのだから、たとえ大炎上したその後でも、ベンチで声を出すとかやれることはある。そこを蔑《ないがし》ろにしては、チームとして成り立たなくなりますから。

あと、失敗した時に取り戻すタイミングというのも大事だと思う。人間だから落ち込んだり、投げやりになったり、ということはあるけれど、そこで踏ん張れるか否か。

第五章

失敗

僕もマリナーズ時代には、マイナーに2回落とされてトータルで1カ月くらい、マイナー暮らしだったことがありました。マイナーに落とされる前も、全然成績が残らなかったし、何をやってもダメで結構落ち込みました。

1日、2日くらいは本当にキツくて、受け止められない自分もいた。アメリカはメジャーとマイナーの環境は全く違いますし、もうこれで終わりかな、とやっぱり弱気になりました。でも周りを見ると、心配してくれている人がたくさんいた。妻が支えてくれたり、信頼するトレーナーがいたり、子供の姿を見て奮い立たされることもありました。何より自分の野球人生を振り返った時に、無意味な時間を過ごしたくないなって思ったんです。自分の野球人生はまだまだ続くんだから、って。

ここが分かれ道なんじゃないかと、突きつけられるような思いでした。ここで諦めるか、諦めないか。結果が出ていないのは数字に表れているし、自分がダメでもチームの中に代わりがいるという現実も理解できる。それでも、そこで諦めたら終わり。何かを必ず摑んでもう1回オレは絶対這い上がってやる、っていう気持ちが湧いてきたんです。

コーチに質問したり、自分で考えたり調べたり、聞いたり、いろんな人にアドバイスを求めました。とにかくもう手段を選ばずがむしゃらでした。メジャーに上がるというその目標に一直線に突き進みました。実際に最後の1カ月でまたメジャーに上がれて結果を残せた。第四章「数字」で話したけれど、その時の成績を見てヒューストン・アストロズが翌年獲ってくれたんです。だから、あの時、諦めなかったことが、次の年に繫がった。

マイナーに落とされたっていうのは失敗かもしれない。でもそこで「それは仕方ないよ」と諦めてしまうのではなく、なんとしても打てるようにするしかないと思えた。あの時に湧き上がってきた感情は凄く印象深くて、今でも心に残っています。

「失敗」とは少し違うけれど、去年（2023年）の7月に広島戦で頭にデッドボールを受けたんです。150㎞を超えるストレートが直撃してそのまま担架で病院へ運ばれました。1試合だけ欠場して、2日後のDeNAとの試合に代打で復帰。以前、サンフランシスコ・ジャイアンツに所属していた2015年にも頭にボールが当たって、その後脳震盪などに悩まされた過去があったので、この打席で恐怖心を消す、そんな思いがありました。

僕は強く踏み込んで打つバッティングスタイルだから、また際どいボールが来たら避けきれないかもしれない。でもここで踏み込めなくなったら、毎試合その恐怖にとらわれることになる。だからこの打席で絶対に勝負を決めようと思ったんです。あの時は本当に集中していましたし、強い気持ちを持っていました。結果はホームラン（逆転3ラン）。自分自身の恐怖心に打ち勝った瞬間でした。

僕は一歩目って凄く大事だと思うんです。恐怖を感じるような体験をした後でも、何か大きな失敗をした後でも同じこと。とにかく一歩踏み出せば、二歩目が進める。

二歩目って、割と楽なんです。まず一歩を踏み出すために必要なのは、勇気かもしれないし、考え方を変えることかもしれない。でもそこで立ち止まっていたり、不貞腐れていたら、どんどん一歩目が遠ざかってしまう。踏み出すハードルは時間を置けば置くほど高くなってしまうような気がするんです。

人生も、野球ができるキャリアも思っているより長くない。無駄な時間を過ごしているのは本当にもったいないなって思うんです。究極を言えば、ちょっと失敗したからって命を取られるわけじゃないんだから。転んだらすぐに立ち上がって、一歩目を踏み出してみる。失敗を取り返すためにすぐに動き出してみる。いつまでも引きずるよりは、その方が実は楽だし簡単だったりする。だから失敗から立ち直るコツは何かと聞かれれば、僕は「一歩目」だと思っています。

第十八章

コミュニケーション

今、バンドのメンバーは4人。最初はサポートメンバーとして手伝ってもらっていて、同じタイミングで全員が正式メンバーになった。過去には何人も辞めているし、1、2年くらいの周期で顔ぶれが変わる時期もあった。

時にコミュニケーションが上手く取れなくてズレてしまうことがあっても、それがいい具合に形になることもあるからバンドは不思議だ。

凄く仲がいいからいい曲を作れるというわけでもなく、異質なものがぶつかり合って化学反応が起きたりするのが音楽だから、ちょっとピリピリしているくらいの関係の方がいい時さえある。

自分は感情が表に出やすいし、気難しいところもある。でも、だからといって変に頑張りすぎないよう心がけている。誰からも好かれようとみんなに愛想良く振る舞う方が、むしろ楽をしていると思うからだ。その都度相手に向き合って、しっかり感情を動かしていたい。

ただし、野球はそうはいかない。バンドは4人だけど、野球は少なくとも9人で試合をするし、プロ野球となれば1チーム70人がチームメートとして共に戦っている。それぞれポジションも違うし、逆に同じポジションを争うライバルもいる。

青木さんのようなベテランもいれば、高校を卒業したての十代の選手もいて年齢もバラバラだ。外国人選手や監督やコーチ、もっと言えば球団の幹部との関係だって大切だろう。となればコミュニケーションというものは、人間関係の潤滑油ということ以上に特別な意味を持つはずだ。

それぞれ違うバックグラウンドを持ち、考え方も違う集団。さらに、日本でトップレベルの能力を持つ選手たちが一つの旗のもとに集まっている。

昨今の風潮として気になるのは、後輩選手たちとどうやってコミュニケーションを取っているのか、ということだ。きっと今、下の世代に物を言う立場ほど難しいものはない。

伝え方一つで「ハラスメント」と受け取られかねない世の中だ。特に体育会系の上下関係において、パワハラなど様々な問題が出てきている中で、「目上」の立場となる人たちは、若い世代とのコミュニケーションの取り方に苦労しているとも聞く。

一つのチームが勝利に向かって動いていく中では、緩慢なプレーをしたり、規律を破ったりした選手に対して強く注意しなければいけない場面も出てくるだろう。逆に何か悩んだり迷ったりしている若手に、声をかけたり、アドバイスをしてあげたいという思いもあるはずだ。

青木さんと会って話を聞いていると、その考え方にいつも感銘を受ける。スポーツと音楽でジャンルは違うけれど、自分の人生にも何か活かせそうだと思うことばかりだ。

インターネットやSNSの影響で人間関係が希薄になっているからなのか、その反動なのか、コミュニケーションの在り方はどんどん繊細になってきている。人にどう思われるだろうとか、相手の立場について変に気を回しすぎて、もはや何も言わない方がいいんじゃないかと思うことさえある。

2020年シーズンにキャプテンを務め、今年で42歳になる青木さんは、コミュニケーションについてどんな信条を持っているのだろうか。

今のプロ野球で年上なのは、44歳の石川（雅規）さんと43歳のソフトバンクの和田毅さんだけ。僕は野手では球界最年長になります。ヤクルトのチーム内で言えば僕の次は36歳の川端慎吾になってしまうので、断トツでベテランだよね。特にここ数年は高卒で入った十代の選手も一軍に上がってきたりしていて、下手するとお父さんと息子くらいの年齢差になっています。

僕が意識しているのは、まず普段からしっかり目を配って話しかけること。それから、何かアドバイスをしたり言葉をかける時のタイミング、これは重要だと思っています。人間は誰しも、あまり話したこともない相手に唐突に何か言われるとバリアを張ってしまうと思うんですよ。その状態でどんなにいい言葉をかけたとしても、心に届きませんよね。

「今のバッティングの状態はこんな風になっているよ」と気づいて声をかけるにしても、まずは普段から関係性を築いていないと素直に入っていかないと思うんです。だから「元気?」とか、「大丈夫か?」とか何でもいいんですけど、普段から他愛のない会話をしたり、お前のこと見ているぞ、というのを伝えておくことは大事だと思っています。

例えば昨シーズン、(長岡)秀樹は悩んでいた時期が長かったんです。プロ3年目でショートのレギュラーになったのはいいけれど、翌年は特にバッティングで壁に当たっていた。経験が浅いこともあって、自分自身どうすればいいか皆目分からない、というような状況に見えました。最初はたまに「大丈夫か?」という感じで話を聞いていたけれど、1回そういう言葉をかけたら畳み込むようなことはしないように気をつけていました。何カ月か空けてまた話を聞いてみる、という感じで距離を置きながら、それでも日々の変化については気をつけて見るようにしていました。

でも、いい加減堂々巡りのような状態が続いていたので、これはしっかりと指摘した方がいいと判断して話をしたんです。「このままじゃ何の進歩もないから、本当に何か変えていかなきゃいけないよ」って。「これだけ成績が残らないということは、何か理由があるだろう? でもそれがなんなのか、自分で分かっていないよな」と聞いたら、やっぱり「全然分からないんです」と途方に暮れていた。

そこで一つ言いました。「クラブハウスに来てから試合までの秀樹の流れを見ているけど、あまりいいルーティンしていないぞ。それをやっても良くなってないんじゃないの? 今の状況を打破するためには、何か変えなきゃいけないんじゃないかな」って、結構はっきりと言いましたね。僕としては前々から感じていたことだけど、だからといって、それを思った時にその場その場で伝えたって響かない。だから、秀樹が誰かの言葉を必要としている、誰かに背中を押してもらいたいんだろうな、というシグナルを拾って伝えたつもりです。

ムネ（村上宗隆）に対しても初めは同じように接しました。彼とは自主トレもずっと一緒にやってきて、今では関係性が出来上がっている。高卒で入ってきて22歳で史上最年少の三冠王。それはもう、もの凄い選手だよね。そういう存在はやっぱりどんなに年下であろうとリスペクトしているので、ムネへの接し方は少しずつ変化していきました。

一度、本気で怒ったこともありました。高津（臣吾）監督が就任した1年目だから2020年、彼がプロ3年目の時ですね。生活態度の面でチームのルールを守らなかったことが続いて、いつもより強い調子で言葉をかけたんです。

そこにはもちろんプロセスがあって、最初は静観していて、何回かそういうことがあった段階でまず、軽く注意しました。でもそろそろきちんと話をした方がいいだろう、という段階になった時にはあえて厳しい言葉を選びました。

「日本を代表する選手になりたいんだよな？」と聞いたら「なりたいです」と。「そういう選手がチームの小さなルールを守れないなんておかしいだろ。イチローさんや松井（秀喜）さんがそんなことするるか？　これから大きなことをしようとする選手が、そんな小さなことをしていてはダメだ」と。後になってムネもものの凄く反省して、体を小さくして謝ってきました。

若い選手ですから、ルールを守れなかったり、色々なことが雑になったり、ということは誰にでもあることだと思うんです。でも、そういう小さいところから慢心が出て、大きな緩みに繋がっていく。あれだけの才能があって、成績を出しているムネだからこそ、多少厳しくてもしっかり言葉をかけてあげることが大事だと思っていました。

別にベテラン選手だからといって誰もが、若い選手にアドバイスしなければいけないなんてことはない。厳しいことを言う方にもエネルギーが必要ですしね。泰然として自分のやるべきことだけに集中する、というベテラン選手もいると思います。ただ、今の僕はそんなことは絶対に思えないんです。

だって、秀樹もムネもヤクルトの選手でしょ。球団のためにもいい選手が育ってほしいし、みんなにいい野球人生を過ごしてほしいですから。特にムネは、将来的にメジャーを志しています。昔の自分と同じような気持ちになっているわけですよね。それならば絶対に成功してほしいし、幸せな野球人生になってほしいと願っています。

挫折したとしても小さな挫折で済んでほしい。立ち上がれないような挫折じゃなくてね。そのためには当然メンタルも強くないといけないし、気持ちが折れた時にどうすればいいか、しっかりした考え方も身につけてほしい。だから若い選手には、自分が身をもって知った色々なことを伝えていかなきゃいけないと思っています。

そういう考えの根本にあるのは、結局、ヤクルトスワローズに感謝しているという思いです。スワローズという土壌がなければ、20年も野球をやってこられなかったと思っています。アメリカに行かせてください、って我儘を言って、さらにまた拾ってくれた。本当に、感謝してもしきれないです。

実はメジャーに挑戦する時に、当時球団社長だった衣笠（剛）さん（現在は代表取締役会長）から「オフになったら必ず球団に挨拶に来るんだぞ」と言われたんです。僕も当然、感謝の思いを持っていましたから、オフに帰国した時には毎年必ず球団に挨拶に行っていました。

18年にスワローズに復帰することが決まった時、衣笠さんは「青木は毎年いつも挨拶に来てくれた。そういうのは必ず、繋がるもんなんだよ」って。確かにそうですよね。わずかでも繋いでいた結びつきが、大きな縁に繋がった。

その衣笠さんが、アメリカに行っている間もずっと球団にいてくださったことも縁ですよね。僕とスワローズの関係は、運命的だと感じてる。だから今から球団に対して恩返しをしていけたらな、と思っているんです。


２０１８年からヤクルトに復帰した青木さんがチームで担ってきた役割は本当に大きい。若い選手たちに自分から話しかけるようにしている、という言葉があったが、試合を見ていてもチーム全体に目配りをして積極的に声をかけている様子が伝わってくる。特に村上選手はとても青木さんを慕っていて、昨年不振に陥った際も支えになっていたのだろうと想像している。

ベテランだから、キャプテンだから、という立場はあるにせよ、他の選手に自分の技術や考え方を教える必要など本当はない。

でも青木さんはそれをやる。「根本にあるのはヤクルトに感謝しているという思い」、その言葉を聞いて胸が熱くなった。

正直なところ、自分は若い世代にどう接したらいいかよく分からない。先日、LINEの文章に句点の「。」をつけると、若者は相手が怒っていると感じるという話を聞いた。もう意味が分からないし、それを理解しようとすること自体、放棄してしまいたくなる。

「正しい」コミュニケーションを取るために、色々なことが決められていて、そのせいでかえってハードルが上がってしまい、人間関係が繊細になりすぎているような気もする。

世代や性別や嗜好など、それぞれの違いを超えたコミュニケーションがどんどん煩《わずら》わしくなっていって「だったらもういいや」と放棄してしまう人が、これから増えていきそうな気がしてならないのだ。

今のバンドは4人だけれど、常に「3対1」というイメージだ。自分が1人でやっていても、3人がしっかり後ろを固めてくれているという感覚がある。デビューから10年過ぎたあたりで、自分が音楽以外の仕事を数多くやるようになって、メンバーとの関係性は変わっていった。

10年やっていたら、音楽はもう「できること」の分野。本業だからヒットを打つことはできるけれど、だからこそ、ここで新たなことに挑戦して凡退してみる。自分にとって「できない」ということがとても大事だと感じていた。

自分が違う分野で凡退するようになると、バンドメンバーに対しても細かいことが気にならなくなった。だからそれぞれに任せるようにしていたら、その間にメンバーの演奏技術がどんどん上がっていった。

自分が他の仕事でちゃんと凡退して、「できない」という思いを味わったことで、他者を見る目にも寛容さが生まれた。それが人間関係にいい影響を及ぼしたのだろうと思う。

もちろん、だからといって何事も「できない」ままでOKだとは思っていないし、もっと頑張らなければといつも感じている。

とはいえ、失敗を通して自分と向き合うことは、他人と向き合うことでもあるとつくづく思う。

僕は若い時はこんな人間じゃなかった。優しい気持ちはあったけれど、人に対してこうしてあげたいと常に思っていたわけではないし、今思えば相手の気持ちなんて全然考えていなかったと思います。自分がやりたいことに対して一目散に向かっていったし、これをやると迷惑だとか、人にどう思われるとか、そんなことはお構いなしという感じでした。

自分が変わる一番のきっかけは、やっぱりアメリカに行ったこと。外国人としてチームに入るわけだから、最初はアウェー感もあったし、緊張感もありました。その中で凄くキツい思いもしたし、思い通りできないこともたくさんありました。本当の意味で自分自身と向き合ったし、自分の周りにはこんなにサポートしてくれる人がいて、自分一人では何もできないんだ、ということに気づいた時間でもありました。

印象深いのは、メジャー1年目に所属したブルワーズの指揮を執っていたロン・レニキー監督です。レッドソックスでも指揮を執っていたり、色々な球団でコーチ経験のある監督で、初めてMLBに来た僕のことをいつも気遣ってくれました。「ノリ、どうだ？」という感じで何もない時でもたくさん声をかけて、他愛のない話をしてくれる。僕が今、若手によく声をかけるのも、レニキー監督の影響が大きいと思います。

戦術面でも細かくて、ミーティングもみっちりとやる。僕のプレースタイルを凄く好きでいてくれて飛躍のきっかけをくれたし、今まで日本でやってきた基盤は正しかったんだ、と思わせてくれました。今はドジャースのGM特別補佐をしている。コミュニケーションを凄く大切にしていて、異文化に飛び込んだ僕の背中をいつも押してくれた存在でした。

アメリカってみんなコミュニケーションが好きでオープンマインドなイメージもあるけれど、そうはいっても〝よそ者〟だと感じる時はあるんです。試合前には必ずアメリカ国歌の演奏があるんですけど、ある試合でアジア人が歌ったことがあったんです。緊張のあまり上手く歌えなくて、ベンチの裏でチームメートが少し馬鹿にするようなことを言っていたんです。異国の人への差別というか、偏見もあるのかな、と思って少し残念な気持ちになりました。

1年目のミルウォーキーも、3年目にトレードで移籍したカンザスシティ（ロイヤルズ）も、アメリカの中では保守的な場所です。カンザスシティは異文化に対して慣れていない感覚が根強く残っている。アジア人がデパートで買い物しようものなら、あからさまに振り向かれたりしましたから。最初のうちは僕も色々と感じるところが多かったです。

ただ、その年にロイヤルズがワイルドカードからディビジョンシリーズを突破してワールドシリーズまで行った。最後にサンフランシスコ・ジャイアンツに敗れてしまいましたが、そもそもワールドシリーズに出場すること自体、29年ぶりとあってもう地元は大騒ぎでした。そうなるともう、いい意味で手のひら返しなんですよ。

街に美味しいフレンチレストランがあって、そこに行った時なんかはお会計をして帰る時にお店にいた全員からスタンディングオベーションを受けました。たまたまお

コミュニケーション

店にＮＦＬのチーフスのオーナーが居合わせたんですけれど、わざわざ僕のところまで来て「頑張ってくれよ」って握手を求められたほど。それくらい向こうって分かりやすい。最初は気に留められない存在でも、結果を残せば凄く尊敬されるしこんなにも賞賛されるんだ、って。アメリカンドリームってこういうことかもしれないな、とあの時は身をもって感じましたね。

日本にいる時とは全く違うハングリーさみたいなものも出ました。あの環境で、日本人はマイノリティーですから。ここで負けていたらダメだって。最初の頃は自分の中で溜め込むところもあったんですけれど、次第に自分の意思を主張することも覚えました。あっちでは黙っていたら存在しないのと同じなので、自分がどうしたいかとか、自分がいかに正しいかということは主張していかなければならない。

僕も交通トラブルに遭った時などは、一歩も引かないようにしていました。引いたら全部こちらの責任にされてしまうから。そこは郷に入ったら郷に従えですから。

もちろん野球の場面でも、自分がこうしたい、こういう考えを持っているんだということはしっかり口にするように意識していました。日本では言葉に出さなくても気を遣い合うことがコミュニケーションの一部という文化もあるけれど、アメリカではお互いが主張するということがコミュニケーションなんですよね。6年間のアメリカ生活でそれは実感しました。

英語という点でももちろん、苦労しましたよ。最初は全然分からなかったですから。

相手の言っていることが何となく理解できたとしても、自分の思いを正確に伝えるのは難しいからつい黙ってしまうんですよ。でもそれじゃあいけないと、意識的に自分から話すようにしていたら、気づいたら何か上手くコミュニケーションが取れるようになっていた。本当に伝わっていたかどうか、分からないけどね（笑）。

勇気づけられたのは、ラテン系の選手たちの振る舞いでした。彼らは、普段何の苦もなく英語を喋りまくっているんですよ。でもある時、アメリカ人の選手が「あいつの英語は本当に何言ってるか分からないんだよ」って言っていたんです。「俺の英語より分からない？」って聞いたら「何言ってんだ。ノリの方が全然喋れてるぞ」って。あれ、彼らも正確に英語を操れているわけじゃないんだな、ってびっくりしました。

それでもラテン系の選手たちって、何も気後れすることなく、いつも楽しく盛り上がっているんですよ。あ、これでいいんだな、って。何も難しく考えずに、正確じゃなくても、わけ分かんなくてもとにかく話しちゃえばいいんだと思いました。伝えようとする意思が大事なんですよね。だからアメリカ生活が長くなってからは、本当に分からないことだけ通訳に聞いて、それ以外はなるべく自分で伝えるようにしていました。

そういう言葉やコミュニケーションということ一つ取っても、アメリカでは自分自身ととことん向き合いました。異文化の中にいるからこそ、今までは意識していなかった自分の気質とか考え方をはっきりと突きつけられるようなことってありますよね。違う環境で成功するためには、それをしっかり見つめて、時には自分の振る舞い方を変えなければいけない。人と向き合うということは、自分と向き合うことでもありますね。

「コミュ力（コミュニケーション能力）」という言葉がある。「コミュ力がない」とか、「コミュ力を向上させる」とか、そんな使い方をするけれど、何だかおかしいと感じる。コミュニケーションは、人間同士がただ生きているだけで、当たり前に存在するものだ。そもそもコミュニケーションは身につけるものなのだろうか？元々備わっているはずなのに、それを能力に置き換えることでおかしな方向に行っていると思う。

「コミュ障（コミュニケーション障害）」というのも嫌な言葉だ。それに、人と繋がりたい人ほど、積極的にこの言葉を使っている印象がある。そもそも心から他人とコミュニケーションを取りたくないような人は、そのままで何の問題もないはずだ。「コミュ障なんです」と、自分をそういう箱に入れて相手にわざわざお伺いを立てるのは、何だかこっけいですらある。

そして、ここ数年でコミュニケーションの形を変えたのはコロナ禍だろう。音楽業界も大きな影響を受けた。イベントやワンマンライブが何度も中止になり、お客さんの数を制限しながらどうにか開催にこぎつけたかと思うとまた中止の繰り返し。

ライブハウスも潰れてしまうところがいくつもあったし、フェスなどもことごとく中止になってしまった。

ただ、今振り返ってみると、コロナ禍は、良い感覚を掴むきっかけになった。全てが止まって一度リセットされたことで、お客さんとの関係や、コミュニケーションの在り方を、もう一度見つめ直せたと思う。

もちろん、コロナ禍はプロ野球にも大きな影響を及ぼした。２０２０年は開幕が遅れ、最初は無観客でのスタートだった。あのガランとした客席の神宮球場を今でもよく覚えている。でも、画面を通じて球音が響き、選手たちの声が聞こえてきた時、それが希望の音であると思えた。大きな出来事が目の前に立ち塞がった時、自分自身やその環境がガラリと変わった時、人との繋がり方にどんな変化が起きるのだろうか。

確かにコロナ禍というのは、僕にとっても特別な経験でした。アメリカから日本に帰ってきて3年目、２０２０年の春からですよね。プロ野球も最初は無観客で、そこから50%だけお客さんを入れるということからスタートして徐々に増やしていって、球場に以前と同じ光景が完全に戻ったのは昨年の23年くらい。その間、リーグ優勝が2度ありましたけれど、21年の時はビールかけも自粛していましたから。今振り返ると、普通の日常がどれだけありがたいかということが分かります。

パンデミックを実感したのはやはり無観客試合でした。スタンドがガランとして選手たちの声も通りまくるんですよ。正直、プロの試合じゃない、もはや草野球みたいな感覚を覚えました。と同時に、今までのあの雰囲気は、スタジアムにお客さんがいたからこそ作られていたんだと感じました。お客さんも、プロ野球というものを一緒に作っていたんだな、と。

当然、テレビや報道を通じて試合は届けられているんですけれど、その実感が全くない。だから緊張感を維持するのは凄く難しかった。ここはプロの厳しい世界なんだ、ここで成績を残さないと生きていけないんだぞ、ということを意識しづらくて……。だからあの時は、自分自身でより強くそこを意識してから試合に臨むようにしていました。

そうやって一つ作業が多くなったことで、今までは知らぬ間にお客さんがスイッチを入れてくれていたんだなあ、って感じました。まさにこれもコミュニケーション。お客さんと選手は直接何か会話をするわけではないけれど、普段球場という空間を共にすることで一つの大きな空気感や感情を共有しているんだなと思った。ファンのありがたさって簡単に口にしますけど、あの時ほどそれを実感したことはないです。

そんな風に状況が変わったり、そこから離れてみたことで、改めて今まで自分がいた場所の素晴らしさを再認識することは多いと思います。それこそ、自分としては6年間、アメリカに行っていたことで日本の良さにも気づきました。欧米では自分を主張することって大事だけれど、言葉を交わさなくてもお互いを思いやる、譲り合うというような日本の感覚って素晴らしいと思った。きっちりルールを守るところや礼儀正しさというのも、簡単に身につくものではないんだと実感しました。日本を離れるまではそれが当たり前だったけれど、そういう文化は素晴らしいし守っていかなければいけないことだと改めて思ったんです。

自分が「外国人」という立場でプレーする経験をしたことで、日本に戻った後の外国人選手とのコミュニケーションも変わりました。最初にヤクルトにいた時代は、外国人選手とご飯に行ったりするようなことはほとんどなかったけれど、今では頻繁に食事に誘うようになった。（ホセ・）オスナ、（ドミンゴ・）サンタナもそうだし、サイスニードとも行きました。

彼らは本当に大変だと思いますよ。日本からアメリカに行く方がまだ楽だと思います。英語って多少はこっちでも教育を受けているじゃないですか。アメリカ人やラテン系の選手が日本で暮らすのって、日本語なんてまず分からないしカルチャーショックの連続だと思う。日本で野球をやるキツさっていうのは多分、僕がアメリカで経験した以上だと思うから、その辺の配慮をするのは自分の役目だと思うんです。日本の野球についても初めはアドバイスすることもありましたが、基本的には他愛のない会話でも僕がなるべくコミュニケーションを取ることで、不安を取り除いてあげられればいいと思っています。

去年からアメリカに戻った（スコット・）マクガフともよく行ったし、それこそ（ウラディミール・）バレンティンともね。バレンティンとは2011年と、2018－19年の間しか一緒のチームではプレーしていないですけど、まあ面白いやつですよ。ソフトバンクに行ってからご飯に行った時、「スワローズが素晴らしいチームだと改めて思った。戻りたい」って言っていたよ。そんなこと今さら言ったってもう遅いだろ、ってね（笑）。

アマチュア時代には、自由な野球も規律正しい野球も経験してきて、ヤクルトでプレーしてアメリカに行かせてもらって、また戻ってきて野球をやっている。色々な経験を積むことでそれぞれの良いところ、悪いところを知ることができました。コミュニケーションということで言えば、やっぱりどの環境においてもチームスポーツをする上では大切にすべきことだと思う。その中では特に、アメリカで感じたポジティブなコミュニケーションの仕方というのは、とても好きでした。

向こうではどんなことでも頭から否定されるようなことはなくて、「ここがダメだった」とか、「こうしてはいけない」という言い方ではなく、「もう少しこうしてみたらさらに良くなるね」というような声のかけ方をする。ちょっとしたことでもお互いを称えたり、褒めて背中を押してあげたりというのは凄くポジティブなサイクルを作り出すんだなと実感しました。

人間ってネガティブな言葉をかけられると、不思議とそっちの方向に引っ張られることがありますよね。ピッチャーに「フォアボール出すなよ」って言ったら出してしまう。「三振するな」なんて言うと、ついついボール球に手が出て空振りしたり。子供がジュースを載せてお盆を持っている時に、「お盆から絶対にジュースをこぼすなよ」と言うのと、「ジュースがこぼれるかもしれないから気をつけようね」では随分変わると思うんです。

僕は子供が2人いて、息子は野球をやっているんですけど、いつも「楽しんでこいよ」って必ず声をかけるようにしています。上手くいかないこともたくさんあるだろうし、落ち込んでいる姿も見かけるけれど、最終的には「楽しむことが一番だぞ」って。ポジティブに生きてほしいですからね。もちろん、言わなければいけないことは指摘しますし、その言葉をいつ伝えるのか、どう伝えるかはいつも考えていることで、とても大切なことだと思う。これはどんな人間関係においても言えることだと思います。

第七章

継続

30年近く音楽を続けてこられた理由を今一度考えてみると、やっぱり「ファンがいるから」ということに尽きる。

人に求められている、という実感を得られるのは本当に幸せなことだ。音楽に関しては、評論家の人が何を言おうが全く気にならない。

でも、ライブでお客さんが上の空だったり、「なんか微妙だな」というような空気が流れたら、それは気になる。

娯楽として音楽を聴くことは今でもある。でも、音楽は楽しくなくてもいいと思っている。それは、本気で仕事として音楽をやれているからこそなのかもしれない。

もっと言えば、音楽を楽しみすぎないようにしている。作り手として、音楽に深く向き合うあまり、作品がマニアックになるのを避けるためだ。

だから、いい意味でなるべく成長しないようにしたい。音楽とはなるべく関係のない仕事をたくさんして、経験を積んでまた音楽に帰ってくる。自分はそういうスタンスを意識的に守っていきたいと思っている。

「音楽を突き詰めすぎると良くない」というのと似たような話は、アスリートからも聞いたことがあります。僕のトレーニングの先生が、自分の体に対して、細かすぎるのはダメだ、ということを話していました。もちろんアスリートとして、ある程度把握していなきゃいけないけれど、あまりにも知識が付きすぎるのも良くないらしいです。

ここの筋肉の繊維がどうだとか、それくらいまでいくと、細かいところが気になってしょうがなくなる。どんどん競技の本質を離れて、自分の体の中のことだけに興味が向いていってしまうケースもあるって。

大まかに、筋肉のこの辺を使うとか、こういうトレーニングをするとここに効果がある、ということを体に覚え込ませるのは大切ですけどね。言われてみればそうだな、と思います。そう考えたら、自分は割と大まかに分かっているというようなタイプかもしれない。

一つのことを続けるっていうのは大事だけど、僕は逆に〝継続すること〟の怖さも感じているんですよ。何か決まったことを継続する、ということにとらわれすぎてしまうと、自分が見えなくなるようなこともある。行きすぎちゃうと悪い方向にも行くんじゃないかなって思うんです。だから僕はいつも、何かバランスを見極めているような感覚があります。

アスリートということでは、僕らの根幹を成しているのは体ですよね。それが商売道具でもあり武器でもある。だからそれを日々、いかに整えていくかということが大事になってくる。でも、ルーティンのように、毎日これとこれをやっていけばいいとか、トレーナーさんからもらったメニューをクリアしていけばいいとか、そこにとらわれていると自分の体の本当の状態を見誤るんですよ。

僕は、その日によって自分の体の状態は違う感覚があります。というか、人間って毎日違うことをしているのだから、体の状態も違って当然でしょ。天気や気温も違えば、食べる物も毎日違う。やっている運動量も動き方も違って睡眠の状態だって違うのだから、言ってみれば体は毎日全く別物と言ってもおかしくないですよね。

僕も練習前後の大まかなルーティンというものは決まっていますよ。でも小さなことは毎日変わっている。トレーナーにも、今日はどこが張っているとか、どこが硬くなっているというようなことを聞くようにしていて、自分の感覚とトレーナーの視点を照らし合わせる。

何でそこが張っているのかな、これを変えたからかな、とかあのトレーニングをちょっと多めにしたからかな、とか。そうやって変わってくるのでそこを敏感に感じ取りながら日々、自分の体と向き合っているという感じです。

20年もやっていると、その変化の理由も大体分かるものなんです。こういう日は体にこんな反応が出るから、こういうトレーニングやケアをすればいい、とか。それはもう、自分に向き合ってきたから分かる経験則みたいなものです。

継続

特にアメリカに行った三十代からは体への向き合い方が変わってきました。メジャーの一流プレーヤーは想像以上にトレーニングや食事、体のケアに時間を費やしている。そういう選手たちと生活していくうちに、考えが変わっていきました。トレーニングに時間をかけて作り上げた体で野球の技術に落とし込む。そして食事やサプリメントを摂り、体を作っていく。本当に理にかなっていて、今では自分の基本となる考え方になりました。

バッティングに関しても自分自身で「これだけは継続している」というものはないですね。今まで話してきたように、バッティングスタイルもアマチュア時代とプロに入ってからでは大きく変えてきたし、メジャーに行く前と後でも変わっている。

当然、自分の中で軸とするものはありますよ。でもそれ以外のところは、進化するためにいつでも柔軟でいたいし、変化できるようにしていたいと思っているんです。

でも僕のようなタイプって珍しいのかもしれない。ちょっと変えすぎじゃないか、って思う時はあるけどね（笑）。

道具という面でも自分はバットを替えていくタイプなのですが、絶対に替えたくない、という考えの選手もいる。それこそ川端は15年間一緒のものを使っていると言っていたし、山田哲人もずっと同じバットです。イチローさんもずっと同じ形を使っていると言っていました。本当に人それぞれだと思いますね。バットと体、バッティングの関係性というのは。

自分は体を変化させていったからバットも替えていく、という変遷を辿りました。二十代前半は、長打を打ちたいと思っていたこともあって、少し増量した時もありましたし。そうなるとバットも少し重い方がいいか、とかそんなきっかけでどんどん替えていって……。

アメリカではメジャー7球団を渡り歩きましたが、全チーム、全選手のバットの長さや重さ、形状を調べました。日本のプロ野球は自分のバットはそれぞれがロッカーなどで保管していますが、アメリカはバットルームがあってみんながそこに置いているんです。バットルームを訪れては、他の選手のバットの形状を一つ一つ、全て調べました。

どんなものを使っているのか単純に興味があったのと、メジャーの野球にどういうバットが適しているのか知りたかったんです。結構な数でしたが、全部チェックして色々と試してみたり自分のバット選びの参考にもしたりと、役立てることができました。

ベストな状態に持っていくために、いつも一番いい形を探している。だから今もバットを替えたり新しいことにチャレンジしたりしています。そうすると、僕に関して継続とは「自分を変えていくことを継続する」ってことになるのかもしれない。

これからもずっと自分と向き合って、試行錯誤していく。そこは変わらないかな。四十代になってこれから一番いい形が見つかる可能性もあるわけですから。もしかして現役の最終打席で見つかる可能性だってある。そうなったら?

「すみません、やっぱり続けます! 最終打席で見つかっちゃったんだよね」って(笑)。

野球選手が継続していくトレーニングや、体のケアにあたるのは、ボーカリストにとってのボイストレーニングなのかもしれない。でも自分は、逆にそのボイトレがきっかけでそれまでの歌い方を見失ってしまったことがある。

自分の声はよく「変だ」と言われる上に、歌い方も他の人と全然違う。しかし一般的なボイトレは、万人に共通するメソッドのようなものだから、そこでああしなさい、こうしなさいと言われたことで分からなくなってしまったのだ。

さらに自分の体をコントロールする技術だけでなく、演奏する場に自分自身を合わせていく技術も必要になってくる。そうした力はボイトレでは培えない。

そもそも、ライブ会場はそれぞれ全く違う響き方をする。

野球で言えば球場によって好き嫌いがあるというのに近いだろう。でも、だからと言って出場しないわけにはいかないから、色々と対策をしながら打席に臨むことになる。

青木さんはこれまでありとあらゆる環境の中で野球をしてきている。特にアメリカは移動ばかりだし、時差や、様々な変化の中で打席に立ってきた。

試合中に自分の状態を対戦相手や環境に対してぶつけていく、という感じなのか、それとも自分というものが最初からそこにあって待ち構えるという感じなのか。自身を貫く芯の部分と、めまぐるしく変化する環境とのバランスを、どのように取っているのだろうか。

僕はそこ、あまり気にならないんですよ。どちらかと言えば、自分というものがあって、相手とか環境の方を迎え入れているというイメージかな。球場の雰囲気というのは当然、それぞれ感じたりもしますけど、そこに自分が合わせていくという感覚はない。

バッティングという意味では、ベンチからネクストバッターズサークルに行って、打席に入って、打って、走って、という流れは同じ。それはどういう環境でもどんなピッチャー相手でも変わらないですからね。そう思うと、どこでも同じ感覚でやれていたし何か崩れるようなことはなかったかな。

色々な環境に適応して結果を出し続けていくためには、「軸」が必要だと思います。その「軸」は選手によってそれぞれ違って、それぞれの野球観を貫く〝何か〟があると思います。

思い出すのはイチローさんのこと。以前からプレーを見る度に、その芸術的な美しさが好きだったんです。ある時、プライベートの場でイチローさんに「凄くプレーが綺麗ですよね」と言ったことがあります。そうしたらイチローさんはとても嬉しそうな表情をされました。

ヒットを何本打ったとか、めちゃくちゃ飛ばすとか、守備が上手いとか、そういうことよりも、きっと「綺麗」とか、立ち居振る舞いを大切にされてきたのかなと想像しました。

多分、イチローさんにはイチローさんの野球観があって、一つ一つの動作や身のこなし方、立ち居振る舞いに至るまで、「美しさ」というところを常に意識しているんだと思うんです。だからこそ、あれほどストイックに追求できた。

そんな野球選手、ほとんどいないですよ。普通はパワーとか技術とかのフィルターで野球を見る。そこを飛び越えて、アートみたいな感性で捉えているわけだから。

僕が特に好きなところは、イチローさんってプレー自体は割と泥臭いところ。一旦戦いの中に入ったら、イチローさんってボテボテのゴロでも全力で走るし、結構泥臭いタイプだと思う。でもその泥臭いプレーでさえ、イチローさんがやればスタイリッシュに見える。

歩き方、投げた後の佇まい、打席での仕草……いろんなものがその要素になっているんですけど、動作の一つ一つにイチローさんの野球観が貫かれている。その根底にこそ、イチローさんが継続しているもの、軸となっている部分があるのだと思います。

イチローさんもバッティングフォームを変えることもあるけれど、綺麗な動きの枠は外れていないと思う。

45歳まで野球を続けられたのは、それも一つの要因かもしれないですね。会話をしていると本当に勉強になります。

自分自身のことに戻ると、対戦相手という意味でも、得意不得意という感覚はあまり持っていないです。大まかに好きなタイプと苦手なタイプというものは絶対に出てくるんですが、割と少ない方かもしれない。

何か一つのことを継続していると、苦手も継続されちゃうのかもしれないけど、それこそ自分自身が変化しているからそこも変わる。ピッチャーだって、いろんな投げ方でいろんなコースに投げてくるわけだから、バッターも多少なりとも何か変えていいんじゃないかなって思っているんです。

アメリカでの3年目、カンザスシティー（・ロイヤルズ）時代に、同じアメリカンリーグ中地区のデトロイト・タイガースにいた（ジャスティン・）バーランダーと初めて対戦しました。やはり凄いピッチャーですから、初めは全く打てませんでした。その後、色々なチームに移ってからも何度か対戦するようになったのですが、なかなか打開策が見つからない。

何か手を打たないとと思って、配球表をじっくり見てみました。ボール自体はやはり一級品です。でも分析していくと、配球の傾向が出ていることに気づいたんです。彼はボールが速いんですが、そのボールをさらに速く見せるために、勝負どころの印象的な場面でストレートを多投していました。

ランナーがスコアリングポジションに進んで、ピンチという状況で真っ直ぐを多く投げているんです。対戦しているバッターからすると、そういう場面で打ち取られたストレートというのはより頭の中に残るんです。だからバーランダーというと、あの真っ直ぐ、とイメージしてしまう。

ところが配球表をよく見ると、実際にはスコアリングポジション以外の場面で、意外と変化球中心に投げていることに気づきました。そうすることでボールを速く見せ、変化球も活かしていたのです。

バーランダーがシチュエーションによって配球をドラスティックに変えているピッチャーだと気づいてからは、逆に配球を読んで打てるようになりました。ランナーがいる時はストレートに絞って狙っていくとか、ボールを目付けする位置や待ち方など、アプローチの仕方のヒントが分かったんです。

気づいてみれば単純なことだったんですけど、やはりバッターから見てチャンスの場面で速球で打ち取られていると、どうしてもその印象が先行してしまう。配球表から攻略の糸口を摑んだことでそれ以降は捉えられるようになって、対戦成績も良くなったと思います。

配球って日本とアメリカは全然違うと感じます。アメリカはもう少し単純なところもあります。メジャーのピッチャーは全体的に強いボールを投げるしスピードも速い。

それを捉えるにはメカニズムを変えなければいけないと思って試行錯誤しましたが、プラスアルファで配球を読み解いたことで、アプローチの仕方が分かって上手くハマった部分があった。

苦手にどう対処するか、という点では、体を変えたりバッティングフォームという形を変えたりすることももちろん、このように自分の「考え方」や「イメージ」を変えることで克服できることもある。まずは色々やってみる、色々変えてみることが大切だと僕は思っています。


青木さんの話を聞いていると、「変化」と「継続」が実は表裏一体なんじゃないかという気がしてくる。「変えていくことを継続する」という言葉が示すように、継続とは、ある一定の形を守り続けることではなく、常にベストな結果を残すためにその都度自分に必要な変化を選択していくということなのかもしれない。

そして、一流のプレーヤーほど、思わずファンが真似したくなってしまうような「型」を持っている。走り方や独特のバッティングフォーム、試合の中で出るちょっとした仕草や振る舞い。あの選手といえばこれという、それぞれの個性的なイメージが浮かんでくる。

でもそのイメージは、それぞれが「自分はこういう型」と思って認識しているわけでなく、それを見守るファンの中に焼き付けられるものなのかもしれない。人に

継続

言われて初めて「これが自分の型なんだ」と気づくような。

ライブ中いつも「背伸びしてつま先立ちで歌っている」らしいのだが、自分では全く気づいていなかった。そう言われて映像を見てみたら、確かにほぼ2時間、ずっとつま先立ちで踵を床につけずに歌っていた。

なぜそんな姿勢で歌っているのか考えてみたけれど、実際のところよく分からない。

そして面白いのは、調子が悪い時は踵が床についてしまっていること。だから逆に調子が悪い時に意識して爪先立ちで歌ってみたこともあったけれど、全く効果がないどころか疲れてしまった。爪先立ちだから、という方法論ではなく、結果としての爪先立ちだったのだ。

自分自身はその瞬間、夢中でやっているから分からないし、そうやって順序立てて説明できないということは、爪先立ちは自分にとって「型」ではなく、「癖」に近いのかもしれない。よく、ピッチャーが変化球を投げる時に「クセが出る」と言われたり、バッティングフォームでも「悪い時のクセ」を指摘されたりする。選手たちは自分の体の状態がこうだから、こういう癖が出る、と突き詰めて考えてそれに対処していく。

一方で相手側は、その癖をなんとか利用しようと策を巡らせる。

例えば歌舞伎の世界では、時代を超えて同じ「型」を受け継いでいく。音楽で言えばクラシックも、同じ楽譜で何世紀も前の作曲家の意図を解釈しながら演奏していくし、長く伝承されてきた伝統工芸だってそうだ。

野球でも、100年以上の歴史の中で、とんでもない投げ方をする投手や想像を超える構えの打者が何人も出てきた。でもそれが主流になっていかないところを見ると、やはり基本という意味での「型」は存在するのだろう。

野球を続けていく上で、青木さんにとっての「型」とはどんなものなのか。

確かに自分なりの型は必要だと思います。全く持っていないと、悪くなってしまった時に戻ることができずにグチャグチャになってしまいますから。自分にとって拠りどころになるので、原点のような意味での型は大事だと思います。

1つ2つ、自分の中でポイントがあって、例えば「軸足を決めて手の位置はこの辺」と構えるだけでもいいんですよ。型がシンプルになればなるほど色々なことに柔軟に対応できるし、変えていける部分が増えていきますからね。

尾崎さんがいうところの「癖」って、僕にもあります。と言っても爪先立ちのようないい方向の癖じゃなく、悪くなった時に出る癖です。バッティングの中で、ちょっと左手首を巻いて構えてしまうことがあって、それって自分の良くない状態の時なんです。バットをインサイドから出そうとする時に、手首を巻いているとつっかえてしまって肘が内側を通ってこないんです。

理論的にもこれはダメだからなんとか直したいとは思っていたんですが、なかなか難しい。プロに入って15年くらい経った頃かな。もうさすがにこれだけは直らないと判断して、付き合っていくしかないと決めました。

左手首を巻いて構えてしまう時は左手の革手袋をつけずにロジンをつけて、左手を滑らすことで手首の悪い癖を矯正していました。癖が出てきた時にそれをカバーするために試行錯誤して見つけました。

バッティングフォームという意味では僕も特徴的な方なので、子供にモノマネされたりもします。自分ではその形に固執しているわけではないけれど、個性的ですよね。

僕らの世代はどうしても個性を消されがちでしたけど、僕はバッティングフォームに関して絶対に直せ、というようなことは言われたことがなかったんです。上手いこと、個性を残しながら生き延びてこられました。

ある程度の基本の「型」と「個性」って、塩梅《あんばい》が難しいですよね。個性のあるバッティングフォームをしている選手に自分が野球を教えるとなったら、やっぱり迷いますね。

このままだったら行き詰まるだろうな、というようなフォームをしていたら、それを伝えてあげたくなるだろうし。相手が子供だったらなおさら、しっかりとした基本的な技術を教えてあげたくなる。

特に自分に子供ができてからは、色々なことを考えるようになりました。個性かそうじゃないかの線引きって本当に難しい。僕と奥さんの子供だから、どう考えても個性のある子に育つだろうな、と思いつつ、どこかで落としどころは探していて。常識的なものはやっぱり教えていかないといけないですしね。あんなこと言わない方がよかったかな、と反省したりね。奥さんとは子供の教育についてはいつもそんな話になります。

「継続」という話に戻ると、プレーヤーとしての自分自身のことで言えば、日々ベストな形を探し続けているんですけど、だんだん見つかりづらくなってきたのも事実です。

これが衰えってやつかって思っています。いい状態はあっても、その期間が本当に短くなってきて、できなかったことの正解が見つかるまでのスパンが結構長くなってきた。

多分、何かが自分の中で狂っていて、それをいい形に修正して体現する、ということができなくなってきているんだろうと思っています。だから、ここ数年は数字が落ちてきている。一昨年(2022年)ぐらいから、自分のイメージした通りに体が動かなくて凄くキツい時期もありました。あまりにも打てなくて、理由が分からない。その時期が長く続きすぎて、あれはちょっとキツかったな。

原因が実際何なのか分からない。体の問題なのか、自分の考えなのか。道具が合ってないのかもしれないし。それが何かは今も探している途中ですね。

こうありたい、という自分があるほど、それができないとストレスは大きいじゃないですか。自分と向き合えば向き合うほど自分の弱さが出てきました。でもそこで負けてしまったら当然、その先はないわけですから。

2004年にプロに入って20年。その間、たくさんの人が辞めてきたのを見てきましたし、その多くは自分で選択したわけじゃなく、戦力外になって辞めていきました。若い頃は、一緒に入団してきた選手が戦力外になったりするとショックでしたし、同時に明日は我が身という思いもありました。アメリカに行って、昨日まで一緒にプレーしていた選手が今日は自由契約になる、という厳しい世界も見てきました。

自分が好きな野球をやりたくても、いつかはできなくなってしまう日が来る。そういう危機感を昔も今もずっと持ち続けている。20年間やってきて、たくさんの問題に直面しましたし、順風満帆ではなかったけど、まずはこうやって続けられてきたということは本当にありがたいこと。そこに感謝しながら野球をやっていきたいと、いつも思っています。

第八章

勝利

スワローズファンとして、シーズンが始まるとチームの勝敗にいつも一喜一憂している。勝てば本当に嬉しいし負ければ落ち込む。身近な人のことで喜んだり悲しんだりするのは当たり前だけれど、自分の人生とはほとんど交わらない野球チームの勝敗に、こんなにも感情を動かされているのだから、冷静に考えればおかしなことだ。でも同時に、それは凄く豊かなことなんじゃないかとも思う。

スワローズの試合を観に行くと決めた日は朝から本当に心が浮き立っている。今日はどんな試合が見られるのか。先発ピッチャーのコンディションはどうだろう。あのバッターは不振が続いているけれど、そろそろいい当たりが出そうな気がする……。

期待に胸膨らませて球場に向かい、スワローズの選手たちの最高のプレーに魅入り、時には興奮に声を上げる。

負け試合を見るのは辛い。特に神宮球場は、勝ったチームも負けたチームも等しくヒーローインタビューを大音量で流すから、相手チームのヒーローの喜びの声が嫌でも耳に入ってくる。

最寄り駅まで歩く道は狭くて、勝ったチームのファンとぎゅうぎゅう詰めになって歩かなければいけない。この人たち楽しそうだな、こっちはこんなに落ち込んでいるのに、という風に。逆に勝った時は凄く楽しくて、負けたチームのファンにちょっと悪いな、と思いながら歩く。同じ道のはずなのに、行きと帰りでは全く違う感情で歩く悲喜こもごもの道だ。

例えば映画を観に行っても、つまらなかったなと思うことはあるけれど、「勝った」という感情を味わうことはないし、「負けた」と打ちひしがれることもない。スポーツ観戦は、分かりやすい「勝ち」と「負け」を味わわせてくれる、数少ないエンタメだ。

個人の選手はもちろん、何よりヤクルトスワローズというチームが好きで、子供の頃からずっと応援している。だからよっぽどのことがない限り、この先もそれは変わらないと思う。

しかし、スワローズは、昔からアップダウンの激しいチームだ。

最近でも2015年と2021年のリーグ優勝は、いずれも前年まで2年連続最下位から頂点に上り詰めた。最悪なチーム状況に落ち込み続ける日々。そしてその末に待っていた、まさかの歓喜。スワローズファンは毎年、感情が忙しい。

青木さんが日本球界に戻ってきたのは、2018年のこと。それまで2シーズン、スワローズはBクラスで、特に前年の17年は球団ワースト記録となる96敗を喫して借金51の最下位に沈んでいた。

朝、青木さんがヤクルト入りを決断したというニュースを見て、ドッキリかと思った。それくらい驚いたし、嬉しかった。世代交代が進むチームに帰還した「ミスタースワローズ」。青木さんが加わってからのチームは、明らかに変わった。

野球選手なら誰もが「チームの勝利のために」という言葉を口にする。青木さんが思う「勝利のために」必要なこととは何だろうか。

どのスポーツでも勝つことが一番大切だと思います。シーズン中は毎日試合が続いていくから、連敗してくると苦しくなるし頭も切り替えづらい。チームの重い雰囲気が続くと、次第に選手自身も「勝利のために」という目的意識を失ってバラバラになってしまうんです。

どんなに強いチームでも負けることはある。例えば、去年（2023年）優勝した阪神タイガースもオリックス・バファローズも53敗しているんですよ。長いシーズンの中ではもちろん連敗だってある。でも、そういう時にどう行動するかで1年間の戦いは大きく変わってくると思っている。色々な雰囲気を感じ取ってチームのために動ける選手が何人いるのか。組織の中に、そういう人間が多くいるチームほど強いと思うんだよね。だから僕はヤクルトに帰ってきた時、自分がそういう選手である、ということを凄く意識していました。

アメリカにいる間もスワローズの動向は気になっていたので、もちろん前の年に96

勝利

敗していたことも知っていました。とにかくチームをいい方向に向けていく。結果はどうなるか正直分からないし、何年かかるかも分からない。でも自分がチームの中でそういう存在であると同時に、チームの雰囲気を感じ取れるような選手も増やしたいと思っていました。もちろん個人的に結果を残すことも大事ですけど、それ以上に強く意識したことでした。

戻ってきた18年の最初の頃って、チームを見ていて〝負ける集団〟だと感じていました。96敗したこともあって負けることに慣れすぎていて、誰も何も発信しないんですよ。春先にたった1敗しただけなのに、ああやっぱりダメかという雰囲気が出てきてしまう。だから選手には、普段の会話の中から「勝つために」ということを意識的に話しました。試合にどういうマインドで臨むのか、長いシーズンをどうやって戦い抜くのか、というところですよね。

試合中の声がけにしても、点を取られたりチャンスを逸したりした場面では「次だ次だ！」とか「まだ行けるぞ！」とか、ポジティブな言葉で奮い立たせられるように。リードしている試合では「ここ、もう1点取りにいこうよ」って。勝ちきれるチームって必ずその「もう1点」を貪欲に取りにいけるんですよ。いつでも気を抜かない。相手に隙を見せない。試合の中で逆転されていたら、なんとか流れをひっくり返せるように「2点差なんてワンチャンスで追い越せるよ」とかね。

若い頃を知っている人にはよく「青木がそんなに熱い人間だったなんて」って驚か

れたけど、戻ってくるにあたって、一選手としてだけじゃなく、チームリーダーとして期待されているわけだし、僕自身も絶対にこのチームをいい方向に向かわせるという強い思いがありました。そしてそれを自分より下の世代の選手たちにも感じ取ってほしい、と。

18年シーズンは2位。19、20年は最下位になってしまったけれど、どんなに低迷していたとしても、どんなにシーズン終盤でも目の前の1試合に集中して勝ちにいく、ということは自分でも貫いてきたし、他の選手にも伝えたつもり。その結果、リーグ優勝できた21年、22年は、周りを見渡すとそういう意識を持った選手がたくさんいた。連覇を果たした時、「このチーム、本当に強くなったな」って本当に嬉しかったです。

でも同時に、そろそろチームの将来のことも考えていかないといけない、とも思った。近い将来、自分はもう現役ではなくなるのは分かっているから、下の世代のリーダーシップというのも見守っていこう、って。あまり自分が前に出すぎるのをやめて、少しだけ引いてチームを見るようになってきた。選手同士のミーティングの時なんかも「基本的にはお前たちでやってくれ」って。「ノリさんも何か言ってくださいよ」ってなればもちろん何か言うけどね。

強いチームには、やっぱり核となる選手が数人は必要だと思うんです。雰囲気を察してチームを一つにするために何か言えるような選手が出てきてほしくて、少しずつマインドを刷り込むような感じで話をしていました。僕がその役割をすることで今後のスワローズの軸が育つ。自分がリーダーシップを発揮すると同時に、人を残すこともスワローズに対しての感謝だと思っていました。勝てるチームになるために、それが一番の近道だとも思いました。

アメリカではどうだったかと言われると、正直その部分に関しては一緒とは言えないです。向こうは本当にレベルの高い選手を集めて、優勝を目指す。当然、そこにはリーダー的な存在もいるけれども、日本ほどチームワークとか一致団結することが必要とはされていない。アメリカ人の気質もあるかもしれないよね。向こうは評価がシビアだし、契約社会だという現実もある。

こういうことは日本人の強みでもあるよね。WBCも3回経験しましたが、国際試合でも、やっぱり日本代表以上にみんなが心を一つに合わせられる国って他にはないと思う。何かルールを決めて、みんながそれに従って一致団結することって日本人は凄く得意だと思います。国際試合での一番の強みはチームプレー。それは本当に大切にしたい日本人の良さだと思っています。

アメリカとの比較で言えば、編成の違いという部分も大きいと思う。メジャーリーグは凄く戦略的で、毎年チームに足りない部分を補っていくし、デッドライン直前までトレードもある。逆にプレーオフが無理だと諦めたら、人気のある主力選手であろうと放出して若手の有望株を獲得したりする。だから長く低迷が続いたチームが数年で優勝する、ということもよくあります。プロ野球も移籍が活発になってきたとはいえ、やっぱり生え抜きが大多数だから、選手自身もファンも優勝への思いが違いますよね。

僕が一番嬉しい「1勝」は、やっぱり21年の日本シリーズ第6戦の勝利でした。コロナ禍で色々と大変だったシーズンで、シリーズでは神宮球場も使えず、6戦目は神戸（ほっともっとフィールド神戸）だったんですよね。あのちょっとレトロな雰囲気もまた良かった。凄く寒くてベンチには焚き火（笑）。試合中に消えそうになって、燃やすものを足しながらね。最後は延長12回の決着ですよ。とにかく必死だった。とりあえず1点取ってくれ、みたいな状況だったもんね。

最後は川端が打って、マクガフが抑えて……。僕、あんなに涙が出ると思わなかった。本当に嬉しかった。ヤクルトに帰ってきたのはこのためだったんだと思った。本当にいい試合だったしいい勝利でした。野球人生の中でも忘れられない思い出です。

自分は大相撲も好きでよく見る。毎回勝ったり負けたり、その決着が一瞬でついて凄く分かりやすい。たった数十秒なのに、勝負の後は力士たちが肩で息をしていて、もの凄く疲れているのが伝わってくる。一瞬のうちにどれだけ自分の力をピークに持っていけるか。そうした戦いも本当に興味深い。

考えてみれば、大人になってから自分は、はっきりと勝ち負けを意識していないんじゃないかと思う。自分自身が誰かと正面から戦って決着をつけるという場面は、

第八章

勝利

日常ではそうそうない。

でも「勝ち組」や「負け組」という言葉があって、世間の物差しで勝手にどちらかに振り分けられてしまうこともある。そしてたとえ「勝ち組」になったとしても、上には上がいてキリがない。

青木さんは「チームの優勝、日本一」が目標だといつも話している。でも、選手個人としても数々のタイトルを獲得したり、日米通算２０００安打を達成したりと、「勝利者」であるのは間違いない。

青木さんがチームとしてではなく、個人として人生で「勝った」と思った瞬間はいつなのか。人生の「勝ち」や「負け」とはどういったものと捉えているのだろうか。

そう言われると戸惑うな。自分自身が勝利した瞬間？　そんなこと思ったことないかもしれない。個人で、ってことですよね？　うーん、未だにないよ、そんなこと。２００安打に到達した時も別に勝ったなんて思わなかった。個人のタイトルにしたって、1年間の達成感という意味ではあったけれど、だからといって勝ったとは思えませんでした。

チームの勝敗というのは、必ずしもコントロールできる部分だけではない。たとえ自分が打って大活躍したとしても、相手の得点が上回れば負けてしまう。9回サヨナラの場面で自分に打席が回ってこない時に、貢献できるのはせいぜいベンチからの声がけぐらいしかないです。でも自分の成績に関しては自分で直接コントロールできるものだと思っています。

勝ったと思ったら、もうそれ以上先はないですよね。それでゴールじゃないですか。だから自分の成績について、例えば首位打者を獲ったり、記録を作ったりした時に思うのは「勝った」ではなく「負けなかった」という思いに近いかもしれない。勝ったと思えばそこで終わりだけど、「負けなかった」と思えば、これからも負けないためにやり続けるしかなくなる。連続チャレンジをしていくしかないわけですからね。

「勝ち組」とか「負け組」とか言うけれど、それは人生の最後にならないと分からないんじゃないかな。最後に自分自身が幸せな人生を送ったな、と思えれば「勝ち」だと思います。人生の勝ち負けなんて凄くシンプルで、むしろそれしかないと思うんですけどね。だからずっと挑戦できる。結果が出たと思ったら、どうしてもそこに縋《すが》ってしまう。プロ野球選手になることがゴールだったら、入団した時点で人生の目標達成ですよね。残りの人生は「自分がプロ野球選手になれた」という事実だけに縋って生きていくしかない。

一つの目標を達成したとしても、その時点でまずはリセット。だって人生の最後がゴールですから、まだまだ道は続いていくわけです。だから自分にはずっと挑戦していくという意識があるんだと思います。自分の中でモットーにしているのは人生はチャレンジの連続だ、ということ。そう思えば、20歳とか30歳そこらでの「勝ち組」とか「負け組」なんて全く意味がない。ゴールはまだまだ先にある、と思う方が人生は楽しめると思うんです。

本当の自分は怠け者です。でもそこで立ち止まったらもう動けなくなるような気がして、だから走り続けているのかもしれない。特に中学、高校ぐらいまでは本当に、自分を律することができなかった。それじゃあダメだ、と思って一念発起したという過去があるから、今また怠けてしまったらあの時に戻ってしまうんじゃないかっていう不安がある。

あの時からもう20年、30年ぐらい経つけどね（笑）。40代になっても、まだどこか不安なんだよ。でもそれって大事なことだとも思う。自分に自信を持ってやっていかなきゃいけないんだけど、心のどこかにグッと残っている苦い思いがあると、そこで踏みとどまったり我慢できる自分がいる。少しの不安は自分への戒めになるんです。

自分の強みはなんだろうと考えると、根底にある粘りみたいな部分だと思う。ダメだと思ってもそこから粘れる。負けたくない、という思いを持ち続けられるのもそこから来ているのかもしれません。

チームの中では言葉に出してよく言ってます。「ここ粘れよ」とか「ここが勝負だぞ、粘っていくぞ」とか。カウントを3ボールにした味方のピッチャーにも「なんとか粘れ」って声がけしています。試合には色々なところで勝負の綾があって、その分かれ道でいい方に行くためには粘って粘って乗り越えるしかない。乗り越えれば必ず勝ちに繋がっていきます。

格闘技とか相撲でも、土俵際で粘るって、凄く大事だと思うんですよ。ボクシングで一瞬でパーンとパンチが入ってＫＯ勝ちすることも時にはあるかもしれないけれども、判定にもつれ込んだりしたらもうお互い必死ですよね。そんな時に、ここで負けないぞ、と粘ることとって大切だと思います。

では大事な局面で粘るためにはどんなことが必要なのか。これはまさに準備と集中だと思います。そこに至るまで、どうやって「心技体」それぞれで万全の準備を整えておけるのか。さらに、ここが大事だ、という局面を見極めて、瞬時にギアを上げられる集中力を持つことも大事だと思います。

粘っていけたことで結果的に勝っていた、なんてこともあると思う。逆に相手に粘られることを考えると、メンタルがすり減っていきますよね。相手のメンタルを擦り減らせば、それだけこっちの勝ちに近づくことにもなると思うんです。

「負けない」というのは「最低限」という言葉に言い換えられるかもしれない。そこは必ず頭にあります。最低限、これだけはできるようにしておこうとか。それがあると大怪我しづらいんです。よく殊勲打を打った選手が「とりあえず次のバッターに繋いでいこうと思いました」とか、「なんとか塁に出ようと思っていました」とコメントすることがあると思います。それってまさに最低限、という発想で、「ここは一発ホームランを打ってやろう」みたいな考え方よりもロジカルに考えられる分、冷静にボールを見極められるようなところがあるのかもしれない。

とりあえず最低限、最低限の結果を積み重ねていけば、またチャンスは必ず回ってくる。さらに、最低限、最低限が最高になるケースだってあります。例えばノーアウトでランナーが2塁にいて、最低でも進塁打を右に打ってランナーを進めようと思って打席に入る。右を狙ったら結果的にヒットになって点数が入る、なんてことも。

元々、自分はそういうバッターだった。自分が生き抜いていくためにはそういう要素を持ち合わせていないといけなかった。ホームランをたくさん打てれば一番いいし、そういうバッターになりたいのはやまやまですけど。その根底に「最低限ができる」という部分があれば、ギリギリのところでも生き残っていけると思うんです。

スポーツ以外の場面でも、負けないようにひたすら粘る、という感覚って応用できると思いますよ。例えば書籍を作る人って、みんな100万部のベストセラーを出したいけれど、そんなの難しいでしょ。でも最低限の3万部は売ってくれ、と言われていてその3万部をなんとかクリアしていければ、次100万部売るチャンスをもらえるかもしれないわけです。決して派手じゃないしカッコ良くもないけれど、この人は大怪我はしないな、という信頼を積み重ねていけば次がある。

営業でも、1億円の契約を取ってこられなくても、「今月はなんとか100万円クリアしました」、「今月は120万円でした」ということをジワジワ積み重ねて、なんとか負けないように凌いでいけたら最終的には大きな数字になる。「1億円とってきます」という一発狙いよりも、そっちの方が、実は勝てる確率が高くなる、ということだってあると思うんです。

「勝つ」ではなくて「負けない」と思う方が自分にとってメンタルが整いやすい、というのもある。負けない、となれば色々なものが捨てられるし、色々なものを吸収できると思うんです。

もちろん勝つことが一番大事ですよ。でもそのためのマインドの在り方という部分で、この考え方は凄くいいと思っています。

「勝つ」よりも「負けない」という青木さんの考え方は面白い。世の中にはやっぱり「勝つ」ことを目指している人が多いと思うからだ。しかしその一方で、誰かのことを「あいつは勝ち組だ」と羨む人がいれば、自分のことを「負け組だから」と卑下する人もいる。

それは、「負け組」と自分で自分をカテゴライズすることで、どうにかそこに居場所を確保しようという本能なのかもしれない。

青木さんが言っていた「負けない」は、本人にしか分からない感覚だ。こちらは勝っているつもりでも、相手は「負けてない」と捉えている可能性があるということ。

勝利

それぞれどこに重きを置いているかで答えは全く違う。例えば高校生の時、大谷選手からヒットを打った打者も、大谷選手を抑えた投手もいるはずだ。当人は「自分は大谷に勝った」と思っているかもしれないが、大谷選手自身がその対戦相手に「負けた」と思っているかは分からない。

青木さんは「勝ち負けは人生の最後にならないと分からない」とも言っていた。となれば「勝ち組」「負け組」の論争など、あまり意味がないことだ。それと同時に、そう思うことで自分自身の現状に執着することなく、常に新しいことにチャレンジできそうな気もしてくる。「継続」の章で言っていた「変わることを継続している」という在り方も、実は人生の決着を死ぬ時に設定しているからこそできることなのだろう。これで勝負あったという場面でも、その結果はあっという間にリセットされ、人生は続いていく。勝ち負けなんて、簡単には決まらないんだなと改めて思う。

また、引き分けも「負けない」の一種だと思うが、その意味は人それぞれ違う。それが勝ち寄りの引き分けなのか、負け寄りの引き分けなのか。

拮抗した状況で、ほんの少しの判断や、ワンプレーの何かが違えば、どちらかに勝利が転がり込んでいたかもしれないという勝負の分かれ目。息詰まる戦いの中で、ほんのわずか、それを分けるものとは一体何か。

引き分けか。僕らはその辺はちょっと割り切っている感じはあります。試合展開によっては、負けなくて良かった、という引き分けもあるし、逆に勝ちを逃したな、という引き分けもある。プロ野球はトーナメントじゃないから、そこら辺の受け入れ方は高校野球とかWBCに比べたら楽だと思う。これが一発勝負になると同点のまま9回、延長戦へという流れはキツいよね。本当にワンプレーが命運を分けることになるから。

そういう僅差の試合展開って、本当に難しいんですよ。いつもなら詰まった当たりでも外野の前に落ちてヒットになったりするのに、そういう時はなぜかいい当たりも野手の正面を突いたりして〝あと1本〟が出ない。重たい空気が漂い出すんです。逆に、打ち合いのシーソーゲームになるとものの凄く慌ただしい。良い当たりをファインプレーで捕られて、かと思えばこっちもファインプレーをやり返したりね。勝負の流れがあっちに行ったりこっちに行ったりと忙しくて、最後は思わぬプレーが勝敗を分けた、なんていうこともある。

勝負の分かれ目って本当に面白いです。ただ、見えない障壁に苦しむような試合の中で、重たい扉をこじ開けるような瞬間、ってあるんですよ。例えばさっき話した21年の日本シリーズ第6戦なんかは、最後の最後に（川端）慎吾がこじ開けたよね。バットの根っこに当たった詰まった打球が、ショートとレフトの間に上手くポトリと落ちた時の〝こじ開けた感〟ね。ヒビは入っているんだけどなかなか割れない扉を最

勝利

後バリーンってね。あれは凄かった。単にラッキーだったわけじゃなく、あれも彼の技術の高さですけれど、それ以上にこじ開けられるメンタルの強さというものもある。

高校野球を見ていると、最近はもはや親目線です。高校生って必死だし、失敗して、それでも笑顔を見せようとしたりするじゃないですか。あれがまた健気な感じがするんですよ。笑顔を作っているけれど、この子の心は今、相当動揺しているんだろうな、と想像したりして。

たった1回のエラーだけれど、甲子園でエラーをした、それで負けてしまった、となったら心に傷を負ってしまうんじゃないかと心配になったりもする。実はエラーなんてそんな大したことじゃないんですけどね。でもその子にとっては、結構キツいことですからね。

同点の延長戦で、1アウト一、三塁のピンチにセカンドゴロを一塁送球してサヨナラ負けしてしまった試合もありましたよね。アウトカウントを間違えたのか、頭の中が真っ白になって投げてしまったんでしょう。グラウンドで泣き崩れている姿を見て、ああ、本当に辛いだろうな、って。

心理的には極限状態の中で勝ち負けが決まるわけですからね。本当に勝負は残酷です。甲子園で大きなミスをしてしまう子って毎年何人かいるんでしょうけど、ゴールはそこじゃないからね。少しの間は辛いだろうけどいつかはそれも糧にして、話のネタにできるようになればいい。

勝負事には流れがあるし、理屈だけじゃない部分もある。勝負運というのも正直、絶対あると思います。例えば先頭バッターが初球ポップフライ、次のバッターもポップフライ。そうなると3人目は初球に手を出しづらいですよね。それって「流れ」ですよね。前段階がなければ3人目のバッターは、いい球が来たら初球から振りにいっていたかもしれない。でもどうしても1球見送ってしまう。「流れ」はどうしようもないものですから。

逆に一打サヨナラの場面で、サインミスをしたのに、それがサヨナラヒットになった、なんてケースもある。勝ちに直結すればそんなサインミスは大した問題ではないですから。勝負の瀬戸際においては自分でコントロールできることだけではない。でも、だからこそ、さっきの「粘り」の話になるんですが、しつこく粘っていくことによって、相手が根負けして隙が生まれるかもしれない。わずかでも突破口を開いて運を引き寄せることができる。絶対に諦めず、しつこく、粘り強く、です。

そういえば僕、クラブハウスでＤＪやってるんですよ。大きいスピーカーを買って、流す音楽を決めて大音量で音楽を流す。クラブミュージック的なものや、その時によって色々変えるんですけど、試合後に2、3曲かけているんです。ただし、勝った試合の後だけね。それは18年から変わらずずっと続けていることです。

勝った時はテンションを上げて、みんなで一緒に喜ぶ雰囲気を作りたくて。負けた時はやりません。アメリカにいた時にこれって凄くいいことだと思って取り入れたん

勝利

です。勝っても負けてもシーンとしているより、アクセントを付けた方がいい。勝ちをみんなで共有することって、とてもいいことだと思うんです。

勝った試合でも当然、打てなかったバッターもいるし、点を取られてしまったピッチャーもいる。勝った後だけは個人的な感情は一旦脇に置いて、みんなで喜ぶ。プロ野球選手は当然、自分の成績が大切なんだけど、やっぱり一つになる瞬間っていうのは多くある方がいいと思うんです。職場は明るい方がいいですからね。

どんな時も勝利を目指すこと。勝つことの喜び、負けることの悔しさをみんなで共有できるチームにしていくことが、ずっと僕が思い続けていた理想のチームです。

ルーキーの時から8年間ヤクルトにいて200安打も2回打ったし、首位打者とかタイトルもいくつか獲った。当然嬉しいんですけど、どこか心に隙間があったんです。いくら個人のタイトルを獲っても、埋められない物足りなさが。アメリカに行って日本に戻る時、その隙間を埋めに帰ってきた。そして日本一になれた。

正直なことを言えば今、満腹です。もう隙間がありません（笑）。僕の個人的なところとして、大きな数字で言えば日米通算3000本安打とか、あと300本くらいですかね。どうしても目指そうと思えばなんとかなるかもしれないけれど、全然ピンとこないんですよ。NPB通算の2000安打も手が届くところにあるけれど正直なところ、全く執着していないです。行けたらいいな、くらいの感じ。1本より2本。2本より3本でヒットは多い方がいいけれど、日米通算2700本と3000本の差に今はあまり意味を感じないんです。日本で通算1900本でも十分素晴らしいと思っています。

今は満腹ということもあるし、立場的な問題もあるかもしれない。最近では代打での出番が増えてきて、現実問題としてちょっと計算してしまうところもある。プロとしては、本来ならどんな時も貪欲でいなければいけないと思います。若い頃の自分であればこんな風には思えなかった。それこそ「行ききる」と決めていた頃のマインドであれば、何が何でも記録を打ち立ててみせる、と思っていたでしょうね。そういう気持ちが失せているというところで、引退が近いなとも思うんです。

だから、最近は本当に少し引いてチームを見ているところもあるんです。当然、僕も先発で試合に出たいと思っています。でも自分の成績より、このチームが勝つために何がベストなのか、そんなことを考えてしまうんです。そのことは次の章でじっくり話しましょう。

第九章
引退

昨年（2023年）秋、スワローズ一筋で引退した荒木貴裕選手の現役最終打席を見ながら、ふと思った。青木さんが引退する時、一体自分はどうなってしまうのだろう。野手最年長の42歳で迎えた今シーズン。そう遠くない未来に、その日はやって来る――。

ミュージシャンは、バンドが解散することはあっても、意欲がある限り音楽をやることができる。だから、自分が音楽を辞める日というのを意識しながらステージに立つことはあまりない。

野球選手は、いずれ引退することが決まっている。だから言ってみれば、プロとしてスタートしたその日から引退に向かって歩き続けていくようなものだ。

引退すると決めた時、寂しさや悲しさの他に、一体どんな感情があるのだろうか。故障に泣かされた選手や、ストイックな日々を過ごしてきた選手が引退を決めた時、「もうこの辛い毎日から解放される」と思いホッとしたと、そんなエピソードも耳にする。

また、引退を発表したり、実際に引退試合をした時に初めて分かることもあるだろう。自分がどれだけ多くの注目を集めていたか、どれだけたくさんの人から応援

第九章

引退

されていたか、自分がやってきたことの〝答え合わせ〟になるかもしれない。

自分は今のところバンドの解散も引退も考えていない。第七章「継続」でも触れたように、ライブにお客さんが来てくれる限り、できるだけ長く続けていきたいと思っている。

音楽は自分にとって苦しいものだし、未だに上手くいかないことの方が多い。だから決して好きだとは言えなくても、逆に音楽を嫌いになった時に「これが音楽を仕事にするということだ」と実感できるのかもしれない。

本当は好きでいられるのに越したことはないかもしれないけれど、一つの形として、嫌いになるというのも悪いことばかりじゃない。

ここまで話を聞いてきて、改めて知りたいと思ったのは、青木さんにとって「野球」がどんなものなのかということだ。そもそも青木さんはどのように野球と出会い、なぜ野球に魅了されたのか。そして、野球が好きだと感じる時はどんな瞬間なのだろうか。


幼い頃、家の近くの公園で活動している少年野球チームがあって、叔父が監督を務めていたんです。うちの兄貴がそこで野球をやっていたので僕も5歳くらいからついて行ってました。当時は球拾いやキャッチボールをしていたくらいで、正式に入ったのは小学校1年生からです。とはいえ、5歳から野球で遊んでいたことを思うと、もう37年くらいやっていることになりますよね。凄いですね。自分の人生の大半が野球です。なんで僕はギターと出会わなかったんだろう（笑）。中学校の理科の先生がギター弾いてました。部屋に行くとフラスコでコーヒーを作っているような面白い先生でした。あそこでギターに惹かれていたら、尾崎さんと同じ道を歩んでいたかもしれませんね。

物心ついた頃には野球をやっていた、という感じでしたけど、捕ったり投げたりするのが楽しくて、大抵のことはすぐできるようになりました。運動神経はいい方でしたし、小さい頃からずっと足は速かったですね。他のスポーツは小学6年生から中学に上がるまで3カ月間くらいバスケットボールとラグビーをやっていたくらいかな。当時は「スラムダンク」が流行っていて、遊びの延長でちょっと入った。ラグビーはうちの兄貴がやっていたので、真似してちょっとかじったという感じでした。

それでもバスケットボールで他の小学校との試合にも出た記憶があります。試合になるとなかなか点数って取れなくて、難しさを感じてそのまま終わってしまいました。僕らが子供の頃は今みたいに情報もなくて、身近にあるスポーツといえば野球くらい。ちょうどJリーグができた頃だったから、サッカーもやっていた子が増えてきたという感じだったかな。バスケとかラグビーはそれこそ漫画の中か、時々テレビで中継があるくらいで情報はあまりなかった。今みたいに多様な選択肢はない時代でした。

育ったのは本当にのどかなところで、海、山、川と全部ありますし、夏休みは毎日

のように海に飛び込んでいました。本当に野生児ですよね。他にやることといっても
それこそ「スラムダンク」を見たり、誕生日プレゼントに買ってもらったスーパー
ファミコンをするくらい。今でもそうなんですけど、宮崎はテレビのチャンネルが少
ないんです。プロ野球の中継はジャイアンツ戦がほとんどです。小さい頃ファンだっ
たチームや選手もいませんでした。イチローさんや松井さんが出始めた頃だったので、
その姿は印象的でした。二人を見て僕も左打ちにしたんです。足も速かったから、そ
れを活かせると思って。結果的にはそれが良かったですね。

ただ、周りにはプロ野球のキャンプ地がたくさんあるので、そういう意味でプロ野
球選手は身近な存在でした。地元の日向市にあるお倉ヶ浜総合公園野球場では近鉄バ
ファローズが春のキャンプをやっていたんです。当時の近鉄はそこまで人気がなかっ
たので、ファンもほとんどいないんです。地元の人もそんなに見に来ていないので、
ほぼ独占状態でめちゃくちゃ近くで練習を見ることができました。

主軸を打っていた（ラルフ・）ブライアントに抱っこされたことも覚えています。
僕はその時ちょうど、生え替わりで歯が抜けていて、ブライアントが僕の歯を指さし
て「E.T.! E.T.!」っておどけてたなあ。映画の「E.T.」って人差し指を合
わせるシーンがあるじゃないですか。あれを真似して僕の歯に向けてね。あとはエー
スの阿波野（秀幸）さんにサインをもらったり、村上隆行さんにも話しかけました。

球場のすぐそばにあった砂浜でランニングしていた野茂（英雄）さんの後ろをくっ

ついて、一緒に走ったりしました。野茂さんはその頃すでにスーパースターでしたけど、それくらい近寄れてしまうのどかな雰囲気で。野茂さんがうちの近所のスーパーに来た時なんかは、噂が一瞬で広まって大急ぎで友達と駆けつけたなあ。ユニフォーム姿を球場で見るのとスーパーで会うのは全然違って、野茂さんがもの凄く大きく見えたんです。特にお尻の大きさにびっくりしたことを鮮明に覚えています。

宮崎市内までジャイアンツのキャンプも見に行きました。当時は松井さんもいたし、吉村（禎章《さだあき》）さんも見たなあ。小さいバットに岡崎（郁《かおる》）さんのサインが書いてあるグッズを買った記憶があります。宮崎が恵まれているのは、そうやって実際に選手たちを見られる機会があるということですね。

小学6年生の頃、宮崎市内で名球会メンバーと日本で活躍した外国人選手のチームが対戦する試合があったんです。野球教室も一緒に行われていて、その時、宮崎県でベスト8に入った少年野球のチームが招待されたんです。僕らは県大会で優勝していたので参加することができました。実はその時、僕らのチームを担当してくれたのが若松さんなんです。巨人にいた（ルイス・）サンチェと一緒にね。

僕はピッチャーだったのでサンチェがピッチングを、若松さんはバッティングを見てくれたんです。若松さんは「いいねえ、いいねえ」って。そう言ってくれたのを覚えています。若松さんぽいでしょ？　写真が残っているんですよ。僕が打っているところと、それを見ている後ろ姿の若松さん。それがプロに入って最初の監督として出会うわけですから、本当に縁があったんだなとつくづく思います。名球会にも自分が入っているなんてね。凄い縁ですよね。

そういう感じでプロ野球のキャンプは凄く身近に感じることができたんですけど、実は公式戦は見たことがなかった。初めて実際の試合を見に行ったのは、高校3年生で早稲田のセレクションを受けに行った時でした。ちょうどやっていたのが東京ドームの日本ハム対オリックス戦。オリックスにはまだイチローさんがいたんです。ライト前ヒットを打っていたのを覚えています。守備では、ランナー二塁でフェンス際のフライを捕って、サードにダイレクト送球。三塁手が落としたからセーフになったんですけど、タイミングは余裕でアウトでした。ちょうど三塁側のダグアウトの後ろの方の席で見ていたので、ボールがこっちに来るような感じで見えて、それはもう驚きました。こんなに肩が強いのか、ってね。

プロ野球選手になりたいと思ったのはいつ頃からなんだろう。中学、高校の時はそんな夢も語っていなかったくらい、ただ野球をやっているだけでした。37年間野球をやってきて、中高時代は一番熱量がなかったかもしれない。本当に普通の学生でした。はっきりと現実的な目標として意識したのは、やはり大学に入ってからです。1年生の頃はあまりにキツくて野球を辞めたいなと思ったこともありました。本気で努力し始めた時だったので、自分の理想とのギャップが大きかったんでしょう。本当の意味で頑張ること、努力することを今までしてなかったわけだから。

監督にも怒られまくってプレッシャーも感じるし、野球が嫌になったりもしました。でもプロに入るという目標に到達するために何をすればいいか、とか自分と向き合う日々でした。そこを乗り越えてからは、野球を辞めたいと思ったことはないですね。色々と苦しい思いをしても、何か達成した時には全てが吹っ飛んで野球って楽しいなあと思ってしまうんです。

単純に勝った時もそうだし、試合の流れを引き寄せるようなプレーをした時は一番嬉しい。ダイビングキャッチをしてお客さんが喜んでくれたり、ここが勝負どころというところでいいヒットが出たり。最近のことで言えば、負ければシーズン最下位が決まるという去年の最終戦で、1点ビハインドの9回に代打で出てセンター前ヒットを打ったんです。そこからチャンスが広がって、内山（壮真）が同点タイムリー。最後は山田の犠牲フライでサヨナラ勝ちした。

負ければ最下位で、どうしても勝って5位で終わりたいという試合。1点差だし、何が何でも出塁しなければいけない場面でした。ここで自分が凡退したら絶対にダメというところで集中力を研ぎ澄ませたし、ヒットにできたのは良かったです。もちろん本来は最下位争いなんてしていてはダメなんですけどね。でもああいうところで粘って1勝を拾えるというのは、次の年の戦いに向けても絶対に大事なことだと思っていましたから。そういう大事な場面でいいプレーができた時は、野球をやっていて嬉しいなと感じる瞬間です。

引退

アメリカに行って、メジャーで初めて打席に立った時や、初めてヒットを打った時というのももちろん嬉しかったです。1年目で満身創痍のなかで30盗塁できた時も、ロイヤルズでワールドシリーズの舞台に立った時も誇らしい思いでした。でもそれ以外にも、普通の場面で楽しい瞬間というのが結構あってね。今思い出したのは、確か2015年のサンフランシスコ・ジャイアンツ時代だったと思うんですけど、シカゴ・カブス戦でライトを守っていた時のことなんです。

後ろにはカブスファンがいて、十数人が声を揃えて日本語で「ミギ、ヒダリ、ミギ」とか言っているんですよ。なんだろうな、と思っていたら、どうやら僕が右足を動かしたら「ミギ」、左足を動かしたら「ヒダリ」って叫んでいるみたいだった。あ、俺のことか、って思って。わざとそこから足を右左右とか凄い速さで動かしたら、その人たちがめっちゃ笑ってた。ヤジられたり汚い言葉を飛ばされる時もあるけれど、これは本当に認められている証拠なんだなっていうのは感じていました。

アメリカに行ったのは僕にとって本当に大きかったです。日本で凄くきっちりした野球をやってきて、アメリカでベースボールに出会った。そこで本当の意味で野球の楽しさが分かったんです。その感覚を持ったまま野球に戻ってきたので、また違う感じで日本の野球に取り組めている。環境を変えるタイミングも本当に良かったと思います。もう一回、野球に出会った、という感覚でした。だから今は、本当に野球が楽しい。やっぱり野球が好きだと日々感じています。

これまでで最も印象に残っているのは、池山隆寛さんの引退試合だ。２００２年10月17日、神宮球場で行われた広島戦。1点ビハインドで迎えた延長10回裏の攻撃、ランナーが出ればもう一度池山さんに回ってくるという場面だった。

１死から飯田（哲也）さんがセーフティバントで出塁。さらに稲葉（篤紀）さんもセーフティバントを試みて、一塁にヘッドスライディングをした。絶対に池山さんに繋ぐんだ、打席を回すんだという選手たちの思いが溢れていた。

池山さんの現役最終打席は空振り三振。最高潮の盛り上がりの中、渾身の力を込めて、倒れ込むように三振するその姿に、プロ野球選手としての生き様を見たような思いだった。

実際に神宮で観た中で最も心に残ったのは、石井弘寿さんの引退試合。２０１１年10月26日、やはりこれも広島戦だった。ブルペン陣を総動員して繋ぎ、７回に石井さんが登板した。

ところが肝心の試合展開は、広島の先発・前田健太投手に８回まで完全に抑えられていた。ヤクルトがノーヒット・ノーランされる場面を見るのは嫌なので、このまま帰ろうかとも思ったが、試合後にセレモニーがあるためどうにか思いとどまる。９回１死までノーヒット。

そこで藤本（敦士さん）が決死のツーベースを放った。後続のバッターも続いて

1死満塁。畠山（和洋）さんがセカンドゴロを打ち、ゲッツーで試合終了と思ったが、やや送球が逸れ、ゲッツー崩れで同点に追いついた。最後は代打の福地（寿《かず》樹《き》）さんがレフト前にサヨナラタイムリー。凄いドラマを見た。

小野公誠《こうせい》選手は現役最終打席がホームラン。8回同点の場面で、涙を流しながらスイングしてスタンドまで運ぶ決勝ソロだった。プロ初打席もホームランを打っているので、最初と最後にホームランという史上初の選手になった。

他球団の選手の引退試合にも、当然それぞれドラマがある。矢野（燿大《あきひろ》）さんは引退試合に出られなかった。出番があるはずだった2点リードの9回に、藤川球児投手が横浜（現・ＤｅＮＡ）の村田（修一）さんに逆転3ランを浴びたからだ。その時のテレビ中継での「行くな、行くな、越えるな！」は名実況として、今でも語り継がれている。

今はクライマックス・シリーズとの兼ね合いで、シーズンの最終盤まで、引退試合を設定するのもなかなか難しいだろうなと思う。

昨年の秋、青木さんが来季も「現役続行」という報道が出た時は本当に嬉しかった。ちょうどその次の日に神宮球場に試合を観に行っていて、試合後に青木さんがライト線を引き上げてくる時、多くのスワローズファンが口々に「来年も頼むぞ！」と声をかけていたのが印象的だった。

毎年秋になると数多くの選手がユニフォームを脱ぐ。プロ入りから20年、青木さんは多くの選手たちを見送ってきた。初めは自分より年上の選手たち、再び日本に戻ってきてからは後輩を送り出すことも増えただろう。青木さんはそんな引退試合をどのように見つめてきたのか。そしていつか来る、自分のその時をどのようにイメージしているのか。

最初に出場した引退試合は、プロ2年目だった2005年、佐藤真一さんの引退セレモニーがあった横浜戦でした。まさにその試合の第1打席でシーズン200安打に到達したんです。さらにもう一本ヒットを打って201安打。自分自身としては打ちたくて打ちたくて必死だったのですが、それが先輩の引退の日というのは凄く印象深いです。佐藤さんは8回に代打で出てきて、もう少しでホームランというライトフェンス直撃のツーベース。試合後はみんなで胴上げして、スピーチを聞いて、忘れられない試合になりました。

07年は古田さんの引退試合がありました。僕はその試合で4番に座ったんですよ。「お前が4番やれ」って。これからのチームを引っ張るんだぞ、というメッセージだと言ってくれました。プレイングマネージャーですからね。自分の引退試合で自分でオーダーを決めて指揮するわけですから、考えてみれば凄いことでしたね。

僕が4番で5番は古田さん。前を打つとなると、必然的に僕が打たないと古田さんまで打席が回らない、という場面になります。6回裏は2アウトから（アーロン・）

引退

ガイエルがランニングホームランで3点差。（アレックス・）ラミレスがヒットを打って2アウト一塁となり、これは絶対に繋がないといけない、と。とてもプレッシャーがかかりました。ファンの方は古田さんの打席を見たいわけだから、その思いがビシビシ伝わってきました。

ここは意地でも打たないと。そんな思いで打席に立ちました。結果はショートの後ろあたりに弾むレフト前ヒットで、もう必死の一打でした。さらにもう1打席、8回にも2アウト、ランナーなしで回ってきました。ここはフォアボールを選んで2アウト一塁。そこで広島のピッチャーがこの年に引退する佐々岡（真司）さんに交代して、古田さんとの最後の勝負が実現したんです。

古田さんの最終打席はショートゴロ。塁上から見ていましたが、もの凄い大拍手が降り注いで、あれは感動的な光景でした。今になって思うと、プレイングマネージャーは本当に大変だったと思う。チームを指揮しながらも、自分も試合に出場するなんて……。セレモニーでは、「また会いましょう」って明るく締めくくって、見送る選手たちも湿っぽい雰囲気にはならなかった。凄く古田さんらしい引退試合でした。

引退試合って、日本ならではの文化ですよね。アメリカでは引退試合ってないんです。スタープレーヤーの場合は今シーズン限りで辞めます、というような宣言をして、1年間回っていく中で相手チームから記念品をプレゼントされるようなセレモニー的なものはありましたけどね。あとは、引退した翌年のシーズン中のホームゲームで

「1日契約」の形をとって引退セレモニーをする。松井さんはその形でニューヨーク・ヤンキースから送り出されましたね。

そもそも向こうは「引退します」って言う選手が少ないのかもしれない。基本的には契約がないからもうやれない、結果的に引退、という形が多いんでしょうね。向こうは契約が決まらないで浪人する選手も珍しくないですから。それなりのスター選手でも自由契約になって移籍先がなければそうなりますし、何年か経った後に「引退します」と発表するケースもあります。だから一度は引退すると言っていても現役復帰するケースもある。その辺は凄く自由だと感じます。

そういえば（デレク・）ジーターは引退試合という形をとっていましたよね。2014年の本拠地最終戦で、9回裏にサヨナラヒット。ジーターっぽいガシャーンっていう詰まりながらのライト前でサヨナラ。流石ですよね。やっぱりレジェンドだなと思いました。その試合の少し前にヤンキースタジアムで引退式典があって、ちょうど僕が所属していたロイヤルズが対戦相手だったので立ち会うことができました。マイケル・ジョーダンが来ていましたからね。あれは流石にヤバかった。招待される人もレベルが違うなと思って。ベンチのところにいたので、思わず写真を撮ってしまいました。

昔は先輩たちがユニフォームを脱いでいくのを見送るという形でしたが、日本に帰ってきてからは引退する後輩を送り出すことも増えました。40歳を迎えてから、自分のその時についても考えるようになりました。引退試合なんてしなくていいから、やっぱり日本一になって終わる、っていうのは理想ですよね。日本シリーズまで行けばそういう形になる。

でもそこに関しては、自分の気持ちの問題だけじゃないですもんね。興行的な部分もありますから（笑）。引退試合、なんか恥ずかしいです。自分の試合、という感覚になってしまう。でも大好きな神宮球場でもうプレーができない。打席にも立てない、グラウンドを走ることができない、守れない、ってなったらもう悲しいです。悲しいなあ。絶対泣いちゃいます。想像するだけで泣きそうです。

自分の引退試合を想像したら、絶対にスピーチしている時に涙が出てくると思う。花束贈呈とかありますよね？　誰だろう？　思いつかないけどやっぱり一番縁があるというのは若松さんですかね。あとはサプライズとかあるとすればイチローさん……無理ですよね（笑）。でもやっぱり悲しいな。だって好きな野球がもうできないんですよ……。僕が引退する時は、尾崎さんも絶対に泣いてくださいよ（笑）。

18年にスワローズに戻ってきた青木さんは、技術的な細かい部分から野球に対する姿勢まで、若い選手たちに惜しみなく伝えてきた。２０２１年に日本一になり、22年にリーグ連覇達成。選手たちが成長し、チームとして強くなる喜びを知り、今はもう「満腹だ」と話していた。そしてその先の未来を見据え、ここ数年は「少し引いたところからチームを見ている」とも。

チームの未来を想い、一つでも多く何かを残そうとしている青木さんに、若い選手たちもきっと感じるものがあるはずだ。積み重ねてきた経験をもとにした貴重な言葉。間近で目にする、1試合、1打席に臨むプロフェッショナルな姿勢。それらが選手それぞれの何かを変え、成長の糧となり、スワローズのDNAとして受け継がれていく。

チームには今、投打のレジェンドがいる。球界最年長選手である石川雅規さんと青木さん。野球を愛し、いつもポジティブで、探究心と情熱の火を絶やさない二人の存在はまさにスワローズそのものだ。

石川さんは、怪我人が多いヤクルト投手陣の中で〝無事之名馬〟とばかり毎年フル回転し、抜群のコントロールと投球術で打者を翻弄してきた。24年の開幕時点で、通算200勝まであと「15」。石川さんの登板日にはいつも、ファンは記録達成を信じてその勇姿を見守っている。

青木さんは昨年から代打での出場も多くなってきたが、卓越したバッティング技術に裏付けられた勝負強さで、ここぞの一打を放つ。

ここ数年、二人はいずれも様々な思いの中で、現役を続けるという道を選んできたはずだ。その思いとは一体、どんなものだったのか。そして〝その時〟を、どのように決断するのだろう。

引退

石川さんへの思いは特別です。思いはたくさんあるんですけど、でも今、一言で言うとすれば「安心」なんです。石川さんといると安心する。多分、それは同じ時代を共に戦い抜いてきた人間だから。チームの年齢構成を見てもらえれば分かると思いますが、僕のすぐ下というのは川端慎吾で、それも少し離れているんですよ。だから本当に心安らぐ存在で、それは多分石川さんも思っている。そんな話になったことがあるからね。「ノリがいて本当に助かる」って。「ノリがアメリカ行ってる時はキツかった」とも言っていました。

野手と投手というのもバランスがいいのかもしれませんね。その距離感がちょうどいい。野球する上で大事なことや、スワローズに対する思いは共有していると思っている。もし石川さんが引退したら寂しくなるなあ。

実際のところ、僕は球団から「ある程度、お前の意思も尊重する」と言われています。自分で引き際を決めるというのは本当に難しいです。でも責任が伴うことだからこそ、やっぱりある程度のところで自分は区切るつもりでいます。それがどんな基準になるのか……。野球に対して本当に自分の情熱が消えるかと言われたら、多分消えないと思う。だから違う理由が必要ですよね。

数字的なもの……というと浮かんでこないですね。明らかに自分はまだできる、パフォーマンスをしっかり出せるという状態だったらまだ続けたいな、という気持ちはあります。でも、それなり、という感じだったら正直なところ厳しいなと思う。あとは、自分の状況だけではない部分もありますよね。いい若手選手が出てきたとか、チームの中の役割もそこまで必要ではなくなったとか。ちょっと寂しいけれど、そんな風な感覚になったら決断するかもしれません。

あまり難しく考えすぎず、基本的にはやりきったと思った時が引退だと思っています。チームから見て、自分が今何を求められているのか。単純なプレーだけではなく、ベテランとしてどういう風に振る舞うべきなのか……。

今は、下の世代が引っ張っていくところを見守る意識でいます。客観的に見ても、42歳の自分が一番積極的に声を出すのは……。そういう風に思ったのは、昨シーズンくらいからです。

実際に若い選手も声を出したりしてくれていますし、良い雰囲気の中でやれていると思います。ただ、連敗が続いたり負け越してくると、雰囲気が悪くなり、なかなかストライクが入らないとか、初球から思いっきり振れないとか。チームプレーなのでそういう空気はみんなが感じ取りますから。それを感じさせないくらい、自分から雰囲気を良くする人間がもっと増えてほしいと思っています。

チームって選手それぞれになってしまうと、悪い流れになった時に上手く回らなくなります。個々が集合体になるには、ジョイントする部分が凄く大切なところだと思うんです。僕はそういう接着剤のような役目を担わないといけないと思っています。

一歩離れたところに立ちつつ、しっかりとチームの空気を感じながら、大事なところではしっかり役割を果たせる存在でいたいです。

若い選手にアドバイスをしたり、良くない部分を指摘したりということもありますが、あえて言わないことも増えてきました。去年の村上にはそういう感じで接していました。本人にもシーズン前に伝えていたんですけれど、「これからは自分で自分なりの答えを見つけていくことが大切だよ」って。

彼は近い将来メジャーリーグでプレーする選手ですから、いずれアメリカに行った時に自分で答えを見つけなければならない。そうなった時に、何を変えるべきなのか、あるいは何を変えてはいけないのか、そういう選別を自分でしなければならない。野球をする環境は必ず変化するわけですから、自分の力で新しいものを生み出していかなければならなくなる。そのためには今のうちから自分自身と向き合うということができていないと難しいですから。だからあえて、僕からは指摘しないようにしていました。昨年は苦しいシーズンだったと思うけれど、彼にとってはいい経験になったと思います。

将来的に引退した後、自分がどのような道を歩むかということはまだ全く想像できないです。指導者になる、という選択肢についても、今はプレーヤーとして必死なのではっきりイメージできないですね。もちろん野球は好きなので、何らかの形で携わっていきたい。それがどういう形になるのかは、本当に未知数です。

解説者や評論家として野球に関わる方も多いと思いますが、現時点では外から野球を見るということも想像がつかないですね。今は映像を見返して研究する、という視点で野球を見ているので、楽しむという感覚がない。自分が出ていない日本シリーズを見ている時でさえ、ついつい選手目線で試合の流れを読んでしまうんです。

去年の日本シリーズは息子と一緒にテレビを見ながら、「この場面はこういうところに注意しないといけない」とか「このあとは点数が入る可能性が高いんだよ」とか、そんな話をしていました。そうしたら本当に点が入ったりして、息子も驚いていました。

過去にはゲストとして試合解説をしたことも何回かありますが、人を評論するのって凄く難しいです。本人を前にアドバイスするならいいけれど、視聴者やファンに向けて「こういうところが良くない」とか言うのはちょっと嫌なんです。選手は選手で色々な事情があるでしょうから。解説の仕事に関わるにしても、生半可な姿勢ではなく真摯に向き合っていかなければいけないと思っています。

野球と全く関係のない仕事も、チャレンジしたいと思ったらするかもしれない。でも今のところ想像できないです。子供の頃から40年近く野球をやってきて、未だに野球が好きですから。これだけ野球が好きだったら多分、この後も嫌いにならないと思うんです。まだ現役の途中ですけど、こうやって振り返ってみても後悔は全くないです。

引退

いつもやり残したことがなく、次に進んでいるような気がします。アメリカ6年目の、最後の試合に出場した時もやりきった感覚が自分の中にありました。結果的に移籍市場の遅れがあって日本に戻ることになりましたけど、そこに対して後ろ向きな気持ちは一切なかったです。よし、ヤクルトに帰るぞ、ってすぐに切り替えられました。とにかく全力でやってきたことは間違いないです。

野球人生を振り返って、100点です。これ以上望んだらバチが当たると思う。苦しいことはあったとしても、全部ひっくるめて100点です。自分の能力を出しきったと思っている。100点満点のプロ野球人生、それは自信を持って言えます。

おわりに

青木宣親

尾崎さんの最初の印象は、「スワローズオタク」（笑）。メディアを通じて、クリープハイプの尾崎さんはヤクルトファンだ、という情報は知っていたので、まずはそのイメージで入りました。ミュージシャンだし一見、あまり笑うことをしないような印象もありました。

初対面の時は尾崎さんも口数が多くなかったんです。「僕、ヤクルトファンなんです！」という感じかというと、そうでもない。今振り返ると、お互いちょっと探り合っていたのかな。その後何度かお会いしたり、一緒に飲んだりするうちにイメージはどんどん変わっていきました。実際はもの凄くよく笑うしね。

尾崎さんってとにかくよく野球を見ているんですよ。会話をしている中でも、目線がもの凄くコアで、僕も「そんなところを見ているのか！」と驚くほどです。「あの試合のあの打席の中での青木さんの待ち方ですけど……」とかね。そういう細かいところまで本当によく見ています。

とにかくヤクルトスワローズが大好きなことが伝わってきます。お父様の影響で、小さな頃からスワローズの試合をよく見ていたということが根本にあると思うんですけど、ワンプレーに対する捉え方がもの凄く深い。そこは尾崎さんの独特の感性の鋭さから来ている部分もあるのだと思っています。

自分は尾崎さんの仕事にも刺激を受けています。ファンの前でパフォーマンスをする、ということは同じでも、音楽と野球は全く違うフィールドだと思うんです。尾崎さんのいる音楽の世界って、ルールも対戦相手もなくて、自分が何かを生み出してファンに聞いてもらう。

そんな世界で戦っている尾崎さんの話は本当に興味深い。だから飲みながら話している時も聞き入ってしまうんです。野球に対する考え方のヒントになることもありますしね。話をしていると本当にいい刺激を受けます。

去年の秋にはライブを見に行きました。「尾崎世界観の日」といって、クリープハイプの皆さんも出ていたんですが、あくまで尾崎さんの日ということで弾き語りをされていた。場所は葛飾で、まさに尾崎さんの地元です。大きなライブ会場とは違って凄く温かい空間の中で、尾崎さんが作り出す音がダイレクトに伝わってきて感動しました。

普段一緒にお酒を飲んでいる時とは全く違って、プロとしての姿がもの凄くカッコよく見えました。尾崎さんは同世代でもありますし、そういう存在が曲を作って歌っている姿に感情を揺さぶられているファンがいる。あの光景を見て感激したんです。

曲を作る人って凄いと思うんです。あるものを膨らませることは割とできると思うのですが、何もないところから作り上げることは大変な作業だと思います。音楽を生み出す瞬間の感覚って、一体どういう感じなんでしょうか。凄く興味があります。

野球をやらない人からしたら、プロ野球選手はなんであんなに速いボールを打ち返せるのか？　と思うかもしれないけれど、それと同じような感覚なんでしょうか。体が今までと違う動きをしているからフォームを修正したり、バットを替えてみたりして調整していくけれど、ミュージシャンの方は何もないところから音を生み出すわけですから。

突然歌詞やメロディーが浮かんできたりするのかな……。もの凄く頭を捻って考えるのか、組み立てるように物を作り出すような感じなのか、その感覚は僕にはとても想像がつかないです。

ただ、「生み出す」ということで捉えれば、それに近い瞬間は僕にもあるのかもしれません。例えばもの凄くスランプに陥った時。高くて厚い壁があってそこを乗り越えようとした時って、自分で何かを生み出さなきゃいけないですよね。

そういう時って、まさにイチローさんが言う「考えてダメなら、もっと考えろ」っていう状態ですけれど、考えて考え抜いた先に、ふとしたきっかけで感覚を掴む時がある。何か一つヒントになるようなものが閃く瞬間というのがあるんです。

共通するのは、やるのは自分、ということ。ミュージシャンにしても、野球選手にしても、プロになれば誰も助けてくれない。教えてもらったりアドバイスを聞くことはあったとしても、最終的にやるのは自分です。自分で何か摑まなければ、壁を突破できない。必死に歯を食いしばって自分で乗り越えるしかないです。

そういう意味で、自分と向き合う孤独な戦いという点では音楽も野球も同じなのかと思います。だから尾崎さんとは根っこのところで共鳴するものがあって、いつも刺激を受けられるんでしょうね。

対談の中では野球人生を振り返ってきましたが、改めて色々な出来事があったなと感慨深く思い出されました。プロに入って20年やれてきているし、傍目から見れば順風満帆に見えるのかもしれない。

でも、実際は全くそんなことはない。むしろ自分としては、ギリギリのところを歩いてきたと思っています。お話しした通り、中学、高校時代なんてとてもプロ野球を目指せるような選手ではありませんでした。中学時代は特に、野球にしても勉強にしても怠けていたと思います。

そこからこんなに長く野球をやらせてもらっている。実際に何度も壁に当たったし、色々な問題にも直面してそれを乗り越えてきました。振り返ると、人生の中で大きなターニングポイントがいくつかあって、その都度、色々な出来事が何かのきっかけとなったり、様々な方との出会いによって自分を変えていくことができました。

大学からプロに入り、アメリカに挑戦し、またスワローズに戻ってきた。バラエティー豊かなそれらの経験によって、自分をどんどん大きくしていったという実感があります。嫌なこと辛いこともあったし、大きな喜びも得た。その全ての経験に意味があったんだと今深く感じているところです。

今いるところより高いレベルに挑む時、壁に当たったり、自分をもっと成長させたいと願う時。乗り越えるための方法は様々でしたが、今振り返ると考え方のロジックは一緒だと思います。初めに問題提起をして、自分がこうなりたいという理想を描いたら、次にじゃあどうしていこうという道を探していく。その道を切り拓くために、では何が足りないのか、何が必要なのか。そこを一つずつ明確にしながら方法を見つけていく。

挫折したり、新たな問題が出てきたりしたら、またそれが何でできないのか、と考えて新たな道を探していく。ひたすらそんなことの繰り返しです。

日々、自分の体の状態も違うし、相手のピッチャーも変わる。肉体的なもの、技術的なもの、メンタル的なもの……。日々の試合の対戦の中で、次々に違う課題が出てきて、そこに立ち向かっていく戦いが常に続いていく。

後輩たちに何かアドバイスを求められた時も、いつも言っているんです。「どうして今日、そうなったのか分かってる?」って。大抵の選手は「分からないです」と答える。だから「それが分からないとダメだよ」って。だって分からないままだったら、またそれが起こった時にどう対処すればいいか分からないですから。そこがロジカルに読み解けていないと当然スランプにハマるし、そうなったらメンタルももっと追い込まれてしまいます。

「その理由を突き止めないと、答えには辿り着けないからね」って。そういうことをずっと言っています。それを分からないままにしている選手って、結構多いんです。

でも、できるようになりたければ、方法はそれしかない。そこは避けて通れないですから、分からないことを分からないままにしないことが大事です。プロとして野球という職業を続けていくためにはそこが必要になる。

プロである以上、「どうしてこうなっているのか」、「これをこういう風にしたらこうなります」ということを理解していなければ次には進めない。もちろんそれは、自分なりの答えでいいんです。

その答えが肉体的なものなら、何で張りがあるんだ？ 昨日は何をやったんだろう？ 体は常に連動しているので、ここに張りが出るのは実は他のところにも原因があるのではないか。股関節は上手く動いているのか……。考えることってたくさんある。

相手投手との対戦ということで考えれば、自分の中で何かインサイドを意識しすぎてしまったとか、落ちる球に気を取られてしまったとか、そういうメンタル的なこと。あるいは明らかに相手ピッチャーのボールに差し込まれたとか、バットをあの時に少し短く持っていたなあ、とか体のこと、メンタルのこと、道具のこと……考えるための要素は様々なんです。

自分の中で何か一つ理由が見つかれば、それが次に進むための道筋になる。正解は自分の中にあります。苦しいけれど、そうやって自分と向き合うということは、この世界で生きていくため、一つ高いところに行くためには凄く大切なことだと思う。色々な問題は起こるけれど、結局その正解は人それぞれ。だからそれに対してどうやって打開策を見つけるか、ということが大事だと思っています。

若い選手にはいつも「自分を信じてやれ」と言葉をかけています。誰にでも当てはまるバッティング理論なんてないし、バッティングフォームの正解もない。メンタルの持ち方だって、人間はそれぞれ違うのだから全員に当てはまるコントロール方法なんて存在しません。ああしろ、こうしろとは誰も言えないし、自分流が正解ですよ。その自分流を見つけ出して構築するために、取り組み方と考え方、この二つが絶対に大切だと思っています。

プロに入って20年。野球と出会って37年。そして生きてきた42年間の人生の中で、自分が何を一番大切にしてきたか。そう考えるとただ一つ、「諦めないこと」だと思います。根性論ではないけれど、諦めなければ大抵のことはできるんじゃないかな、と思っています。諦めたらそこで終わり。それは真実です。

例えば「100」という目標に到達できなかったとしても、諦めなかったことで何かが生まれることもある。その時にできなかったとしても、諦めなければその先がある。だから諦めそうになっても諦めないで、続けていけばいつかできるかもしれない。自分の子供にもよく言っています。諦めたら自分が欲しいものは手に入らないよ、って。できなかったことを「何でできないの？」と責めることはしません。むしろ「大丈夫だよ。他の人にできてお前にできないわけないじゃん」って。ただ「諦めちゃダメだよ。なんとか自分で考えなさい」と。これは口癖のように言って聞かせて、刷り込んでいます（笑）。

簡単に諦めることだけは絶対にしてほしくない。それと必要なのは、勇気を出して一歩前に踏み出すこと。特に違う環境に飛び込むのは凄く大変なことです。でも一歩前に踏み出せば、その先に何かがある。これも結局は「諦めない」ことに繋がっていますね。

今回の対談で最初は、自分のことを上手く言葉にすることができるのか不安でした。ただ、ちょうどプロ入りして20年ということもあって、このタイミングで自分の歩んできた道を改めて振り返って、文字にして本という形で残すのもいいな、と思ったんです。

尾崎さんとお話ししていく中で、自分の考えを言語化することで見えてきたものもありました。その時その時は必死にやっていたことでも、振り返ればこんな意味があったんだな、とか、あの時期に歯を食いしばって頑張ったことが道を切り拓いたんだな、とか。自分としては当たり前だと思っていたことが、実はそうじゃないのかも、ということも分かった。あれ、もしかして自分ってちょっと変わっているのかな？　ってこともね（笑）。

でも、「あの時、もっと頑張っておけばよかった」という後悔は一つもないです。世界に目を向けると本当に色々なことがあって、それこそ戦争が起きていたり、生きるか死ぬかの毎日を過ごしている人もいる。そんな中で、自分が20年も野球に打ち込めているなんて、こんなに幸せなことはない。色々苦しい思いはしたけれど、そんなことはちっぽけなものだと思います。

最後に、自分の野球人生を振り返る機会を与えて下さった尾崎世界観さん、構成を担当して下さったライターの佐藤春佳さん、文藝春秋の矢内浩祐さんにこの場をお借りして御礼申し上げます。

全ての出来事と出会った人たちに、本当に感謝しています。そして、僕が一番大事にしてきた「絶対に諦めない」こと。言葉にするとありきたりだけれど、それを貫いてきた野球人生を誇りに思っています。

青木宣親（あおき・のりちか）

1982年、宮崎県日向市生まれ。2003年、東京ヤクルトスワローズ入団。05年、イチロー以来プロ野球史上2人目となるシーズン200安打を達成。10年、プロ野球史上初となる2度目のシーズン200安打を達成。12年、ミルウォーキー・ブルワーズに入団。14年、カンザスシティ・ロイヤルズでワールドシリーズに出場。17年、日米通算2000安打を達成。MLBでの所属球団数7は野茂英雄と並んで日本人選手最多タイ。18年、ヤクルトスワローズに復帰。21年、日本シリーズを制して日本一に。

尾崎世界観（おざき・せかいかん）

1984年、東京都生まれ。ロックバンド「クリープハイプ」のヴォーカル、ギター。2012年、アルバム『死ぬまで一生愛されてると思ってたよ』でメジャーデビュー。16年、初小説『祐介』（文藝春秋）を書き下ろしで刊行。20年、「母影」が第164回芥川龍之介賞の候補となる。その他の著書に『苦汁100%』、『苦汁200%』（文藝春秋）、『泣きたくなるほど嬉しい日々に』（KADOKAWA）などがある。24年7月に単行本が刊行された小説『転の声』（文藝春秋）は、第171回芥川龍之介賞の候補作に選出された。

構成　佐藤春佳
装丁　水戸部 功
写真　深野未季
DTP製作　エヴリ・シンク

青《あお》木《き》世《せ》界《かい》観《かん》

2024年9月10日　第1刷発行

著者　青《あお》木《き》宣《のり》親《ちか》・尾《お》崎《ざき》世《せ》界《かい》観《かん》

発行者　松井一晃

発行所　株式会社 文藝春秋

〒102-8008 東京都千代田区紀尾井町3-23
電話 03-3265-1211

印刷所・製本所　TOPPANクロレ

※万一、落丁乱丁の場合は送料小社負担でお取り替えいたします。小社製作部宛お送りください。定価はカバーに表示してあります。本書の無断複写は著作権法上での例外を除き禁じられています。また、私的使用以外のいかなる電子的複製行為も一切認められておりません。

©Norichika Aoki, Sekaikan Ozaki 2024　Printed in Japan
ISBN978-4-16-391892-1